Opulenter Ausdruck päpstlichen Machtanspruchs: Palazzo dell' Archiginnasio in Bologna (→ S. 32).

Karten und Pläne

Die Buchstaben-Zahlen-Kombinationen im Text verweisen auf die Planquadrate der Karten, z. B.
■ E 12, S. 113: Kartenatlas;
■ d 4: Klappenkarte hinten bzw. Detailkarte innen.

Armani, Ferrari, Verdi, Tomba,

Fellini. Mit diesen Namen kann jeder etwas anfangen. Dass ihre Wurzeln in der Emilia Romagna liegen, wissen nördlich der Alpen nur wenige.

Der Dom von Modena entstand Anfang des 12. Jahrhunderts (→ S. 49).

Umringt von ihren berühmten Nachbarn Lombardei, Venetien und Toskana führt die Emilia Romagna bislang eher ein Schattendasein auf der touristischen Landkarte Italiens. Ja, ohne die Nennung ihrer Nachbarn würden die meisten wohl bei der Aufgabe versagen, die Lage dieser Region auf dem italienischen Stiefel einzuzeichnen. Italienreisende kommen eben häufig nur bis zum Gardasee oder sie fahren gleich weiter in die Toskana. Dass dazwischen die Emilia Romagna liegt, ist womöglich nicht einmal denjenigen klar, die absichtlich in dieser Region bleiben, um ihren Badeurlaub an der Adria zu verbringen.

Der Bauch von Italien

Dabei ist die Emilia Romagna, eine Region von der Größe Hessens, in mancher Hinsicht die bedeutendste Italiens. Sie besitzt, in **Bologna**, zum Beispiel die älteste Universität der Welt. Ein weiterer Superlativ: Fast ihre gesamte Küste, von **Cattolica** bis hoch zum **Po di Goro**, ist das längste und besucherstärkste Strandbad Europas. Noch einer? Um **Modena** strotzt der gesundeste Wirtschaftsraum Italiens. Damit nicht genug. Die Emilia Romagna hat mit Federico Fellini, Michelangelo Antonioni, Bernardo Bertolucci und Pier Paolo Pasolini die wichtigsten Filmemacher des Landes hervorgebracht. Von den schnellsten Autos ganz zu schweigen. Die Traumcoupés von Ferrari, Lamborghini, de Tomaso und Maserati werden hier gebaut. Vor allem aber ist die Emilia Romagna, was viele Fremde (noch) nicht wissen, eine kulinarische Adresse. Den Landsleuten gilt sie gar als der Bauch von Italien, mit Bologna als Nabel. Die Tortellini sind hier erfunden worden, die Lasagne auch und die Mortadella sowieso. Vielleicht ist das der Grund, warum die Italiener selbst die von ausländischen Touristen vernachlässigte Region so lieben. Wenn sie dürften, würden die Azzurri bevorzugt zwischen Po und Apennin leben. Und Modena und Bologna rangieren in Umfragen stets unter den lebenswertesten Städten des Landes.

Linientreue

Wer eine Karte der Emilia Romagna vor sich hat, in die keine Straßen eingezeichnet sind, wird über die Anordnung fast aller großen Städte der Region stutzen. **Piacenza, Fidenza, Parma, Reggio, Modena, Bologna, Imola, Faenza, Forli, Cesena** und **Rimini** lassen sich mit einer nach Südosten geneigten Linie verbinden, die beinahe mit dem Lineal zu ziehen ist. Und tatsächlich sind die Städte auch so angelegt. Im Jahre 187 v. Chr. ließ ein römischer Prokonsul namens Marcus Aemilius Lepidus eine Heeresstraße anlegen, die vom damals gut 80 Jahre alten Ariminum (Rimini) schnurgerade nach dem rund 30 Jahre zuvor gegründeten Placentia (Piacenza) verlaufen sollte. Zeitgleich wurden die Stützpunkte Bononia (Bologna), Mutina (Modena) und Julia (Parma) aus dem Boden gestampft, um die nach dem Bauherrn benannte Via Aemilia zu sichern. Die Straße entwickelte sich bald zu einer Lebensader, die bis heute pulsiert. Noch immer ist sie, inzwischen geteert und mit modernen Begleitern – Bahngleisen und Autostrada – ausgestattet, Transportweg Nr. 1 der Region; noch immer führt sie mitten durch die Städte; nach wie vor ist sie die Hauptachse, die die Emilia Romagna in eine nördliche und eine südliche Hälfte teilt. Nur zwei bedeutende Städte tanzen aus dieser Reihe: **Ravenna** wuchs dank eines nahen Flottenstützpunktes der Römer, **Ferrara** ist wahrscheinlich erst 800 Jahre nach den Städten auf der Via Aemilia gegründet worden.

Der Großmut Pippins des Kurzen

Die Römerstraße gab der Emilia Romagna also die erste Hälfte ihres Doppelnamens. Die zweite leitet sich ab von »Romania«. So nannte man in Konstantinopel das Hinterland von Ravenna, das als letzter Rest des Römischen Reiches in Italien zum Neuen Rom am Bosporus gehörte. In seinem Umfang dürfte es ungefähr mit den **Provinzen Ravenna, Forli** und **Rimini** übereinstimmen, die heute im Südosten der Region den kleineren Teil der Emilia Romagna bilden. Ihr »römisches« Selbstbewusstsein beziehen die Romagnoli aber nicht allein aus der kurzen Episode unter der Herrschaft des Neuen Rom. Auch der Ewigen Stadt nämlich ist dieser Landstrich historisch verbunden: Denn seit Frankenkönig Pippin im 8. Jahrhundert den Langobarden das Territorium der ehemaligen »Romania« entriss und dem Heiligen Stuhl schenkte, unterstehen ihre Bewohner, die Romagnoli, dem Einfluss Roms. Aus der Pippinschen Schenkung entwickelte sich der Kirchenstaat, dessen letzter Rest heute der Vatikan ist. Aber schon im Mittelalter und der beginnenden Neuzeit durften sich die Päpste nicht unangefochten ihres Territoriums jenseits des Apennin erfreuen. Immer wieder machten ortsansässige Adelsfamilien den Stellvertretern Christi Kommunen und größere Gebiete in der Romagna streitig.

Burgenland

Der wüsteste unter den machtgierigen Lokalfürsten war ausgerechnet der Sohn eines Papstes: **Cesare Borgia**, so etwas wie der Iwan der Schreckliche der italienischen Renaissance, hatte mit Meuchelmord und Totschlag bis 1500 fast die gesamte Romagna an sich gerissen. Kaum weniger grausam, aber nicht ganz so erfolgreich wüteten etwa die **Malatesta** (wörtlich: böser Kopf) aus Rimini schon seit dem 13. Jahrhundert in ihrer Umgebung. Bei den meisten Gewaltherrschern in der heutigen Emilia Romagna blieb der Machtbereich allerdings auf das mehr oder weniger große Umfeld ihrer Residenz beschränkt. Das galt für die **Bentivoglio** in Bologna ebenso wie für die **Polenta** in Ravenna, die **Ordelaffi** in Forli oder die **Pio** in Carpi. Aber selbst das winzigste Herrschaftsgebiet musste pausenlos verteidigt werden. Davon zeugen unzählige wehrhafte Kastelle, die überall in der Region, auf dem flachen Land der Poebene wie auf den Hügeln des Apennin, noch den kleinsten Ort mit ihrer ganzen backsteinernen Wucht beschützen wollen.

Über den kriegerischen Kleinkram der Region konnten sich nur zwei Familien erheben und – mit Rückendeckung aus Rom, wo sie Päpste und einflussreiche Kardinäle stellten – dauerhaft größere Herzogtümer ausbilden. Die **Farnese** herrschten von der Spätrenaissance bis in den Barock über die westliche Emilia, die **Este** bereits seit dem Mittelalter in Ferrara und Modena. Unter ihrer Regentschaft konnten sich Architektur, Skulptur und Malerei fast ungehindert entfalten.

Schatzkiste der Künste

Doch die Kunst brauchte in der Emilia Romagna ohnehin nie lange Anlaufzeiten, um zu höchster Blüte zu gelangen. Die künstlerischen Höhepunkte der Region sind in ihrer Perfektion so überzeugend, dass man meinen möchte, es hätte nicht einmal Mühe gekostet, sie zu erreichen. In den Kirchen Ravennas etwa sind innerhalb weniger Jahrzehnte die schönsten Mosaike der Spätantike entstanden. Das Zusammenspiel romanischer Bildhauerei und Baumeisterkunst geriet kaum anderswo zu einem ähnlich beglückenden Ergebnis wie am Dom in Modena und am Baptisterium in Parma. Mit dem Tempio Malatestiano in Rimini haben dieselben Disziplinen eine Schatzkiste der Frührenaissance geschaffen. Und mit dem Neptun auf der Piazza Maggiore besitzt Bologna eines der Hauptwerke des Manierismus in Bronze.

Das traurige Kapitel

Die Neubauten in der direkten Umgebung vieler dieser Kulturdenkmäler lassen das schwere Schicksal erahnen, das die Region im Kampf gegen den Faschismus erlitt: Nirgendwo in Italien hat der Zweite Weltkrieg so tiefe Wunden geschlagen wie in der Emilia Romagna. Hier verlief die »Linea Gotica«, die erbittert umkämpfte Frontlinie zwischen der zurückweichenden, von Partisanen attackierten deutschen Wehrmacht und den von Süden herandrängenden Alliierten. An zentralen Plätzen der Städte finden sich große Tableaus von Schwarzweißporträts der Märtyrer im Kampf um die Befreiung der Emilia Romagna, in dem SS-Schergen rücksichtslos Hitlers »Bandenbefehl« an den Frauen und Kindern der Partisanen ausführten. Dass andererseits die Alliierten bei der Unterstützung der Resistenza anscheinend ohne Rücksicht auf Verluste Bomben auf die von den Deutschen besetzten Städte warfen, mag unterbewusst auch eine »Rache« an der Region gewesen sein, die Italien den Duce gebracht hatte. Benito Mussolini wurde 1883 in Predappio geboren, wo sein Grab noch heute geradezu gespenstische Verehrung genießt.

Oben: Möchten Sie gerne mal probieren? Die Emilia Romagna ist eine Region (auch) für Feinschmecker.

Mitte: Üppige Sonnenblumenfelder sieht man häufig in der Emilia Romagna. Das Land ist ausgesprochen fruchtbar.

Unten: Herrschaftsarchitektur demonstriert das barocke Farnese-Schloss in Colorno (→ S. 64).

Doch braun war die Emilia Romagna nie – ganz im Gegenteil. Schon 1893 konnten Sozialisten in der Provinzgemeinde Imola eine Stadtregierung stellen.

Rot, reich und erotisch

Nach dem Zweiten Weltkrieg bekam die Region dann endgültig einen Linksdrall. Mit geradezu stoischer Konsequenz übertragen die Wähler seitdem Kommunisten und Sozialisten die Regierungsgewalt über ihre Städte und Gemeinden. Und es ist kein Widerspruch, dass die Menschen hier trotzdem die feinsten Tücher tragen, die schönsten Autos fahren und das beste Essen genießen. Während die Sowjetunion leidvoll am Projekt des Arbeiter- und Bauernstaates scheiterte, entstand in der Emilia Romagna ihr Paradies ganz von allein. Genossenschaften florieren hier seit dem Zweiten Weltkrieg, aber auch Privatunternehmen. Die Erfolge von **Armani** und **Ferrari** sind da nur die Spitze des Geldbergs. Besonders die Emiliani gelten als extrem fleißig und produktiv, und ihre Landsleute bewundern sie mit dem gleichen Argwohn, den in Deutschland die Emsigkeit der Schwaben auf sich zieht. Andererseits werden sie italienweit um ihre Fähigkeit beneidet, den Freuden des Lebens die gebührende Aufmerksamkeit zu schenken. In diesen Zusammenhang gehört womöglich auch der Ruf der Herren aus Bologna, die besten Liebhaber dieses an Leidenschaft wahrlich nicht armen Landes zu sein ...

! MERIAN-Lesetipp

Es lohnt sich, Italiens »Buch der Bücher« einzupacken: Die **Göttliche Komödie** des italienischen Nationaldichters Dante Alighieri, der in Ravenna seine letzten Jahre verbrachte, wartet mit lesenswerten Schilderungen von Menschen und Landschaften besonders der Romagna auf. Klassisch in seiner liebenswert humoristischen Schilderung des Konflikts zwischen Kommunisten und Kirche ist Giovanni Guareschis **Don Camillo und Peppone** (Rowohlt). Eindringliche Schilderungen jüdischer Schicksale in Ferrara liefert Giorgio Bassani mit **Die Gärten der Finzi-Contini** (Piper).

Zum Stehlen fehlt die Zeit ...

Wer also in die Emilia Romagna fährt, begegnet einem ebenso emsigen wie zufriedenen Völkchen. Der Gast kann davon nur profitieren. Da ist zunächst das Thema Sicherheit. Wer Italien aus Angst vor Raub und Mafia ansonsten lieber meidet, wird beruhigt feststellen, dass die Menschen hier zum Stehlen gar keine Zeit haben. In Ferrara zum Beispiel kamen laut polizeilicher Statistik zwischen 1985 und 1995 gerade mal 13 Autoradios abhanden. Und auch in anderen Städten der Region wird dem Touristen eher eine liegen gelassene Kamera nachgetragen als die Geldbörse aus der Tasche gefischt.

Überhaupt kommt die Emilia Romagna – außer an der Adria – ohne die allgemein gefürchteten Anzeichen des Massentourismus aus. Nepp ist in dieser freundlichen Region ein Fremdwort, und Reisende erleben das ungewohnte Gefühl, an ihrem Urlaubsziel als Besucher und nicht als Touristen behandelt zu werden. Aus dieser Perspektive erweist es sich plötzlich als Vorteil, dass die Emilia Romagna (noch) vom Massentourismus gemieden wird. Die Städte gehören noch ihren Bewohnern und die Natur den Bauern und sich selbst.

Kultur statt Küste

Am schönsten ist die Landschaft vielleicht südlich der alten Römerstraße, wo sie von sanften Hügeln allmählich zu alpinesker Dramatik aufsteigt. Fast ist man versucht, lauthals von dieser Seite des Apennin zu schwärmen, der hier eigentlich echter und unverbrauchter ist als in der Toskana.

Trotz aller natürlichen Reize: Wer kein Interesse an der Kulturgeschichte der Menschheit hat, wird die Emilia Romagna, die so reich an Schätzen derselben ist, in ihrer wahren Bedeutung nicht begreifen. Er mag an den Strand der Adria fahren und seine Hautfarbe, nicht aber sein Bewusstsein verändern. Deshalb streift dieser Führer die Küste mit Absicht nur am Rande. Sein Schwerpunkt liegt auf der reichen Kultur der Heimat von Giuseppe Verdi, Alberto Tomba und Federico Fellini: der unbekannten Schönen, der Emilia Romagna.

Kostbarer Essig: Der Aceto Balsamico aus der Provinz Modena ist weltberühmt. Schon ein paar Tropfen des würzigen »Balsams« veredeln jeden Salat, jede Sauce *(→ MERIAN-Tipp S. 53).*

Gemütliche Zimmer erfreuen den Gast. Das ist eigentlich eine Binsenweisheit. Aber im schönsten Land der Welt wird sie überraschenderweise erst allmählich begriffen.

Traditionshotel zum Wohlfühlen: Im »Commercianti« in Bologna genießt der Gast allen Komfort (→ S. 29).

Die Unterkünfte sind ein eher trauriges Kapitel italienischer Gastlichkeit. Das typische Hotel ist laut, teuer und lieb- oder geschmacklos möbliert. Auf keinen Fall entsprechen die Zimmer den Erwartungen an ein Land, das mit seinem erlesenen Geschmack weite Bereiche der europäischen Kunstgeschichte mitgeprägt hat und wo – nach Auskunft unserer Einrichtungszeitschriften – ein paar der besten Designer unserer Zeit daheim sind.

Die große Enttäuschung macht sich leider auch in der Emilia Romagna breit. Die Küste ist voll gestellt mit Bettenburgen, die zwar nicht die Höhe, manchmal aber den »Charme« von Torremolinos erreichen. Und auch in den Städten regiert Dutzendware. Es scheint, als sei es den meisten Hotelausstattern darum gegangen, den gleichmacherischen Standard amerikanischer Motel-Ketten nachzuahmen. Offenbar rechnet man mit Geschäftsleuten, die sich ohnehin meist nur mit geschlossenen Augen in ihren Zimmern aufhalten, und nicht mit Urlaubern, die sich auch tagsüber gern in ihr Gemach zurückziehen würden.

Das Drama setzt sich fort beim Frühstück, das in der Regel nicht nur nicht im Zimmerpreis enthalten ist, sondern oft auch unseren Gewohnheiten spottet: trockene Brötchen, unitalienisch dünner Kaffee – da ist man in der nächsten Bar besser aufgehoben, wo der Espresso die Laune hebt, das Hörnchen lecker und das Lebensgefühl weitaus italienischer ist.

Sauberkeit und Service: top

Doch damit sei genug gemeckert. Denn auch der schärfste Kritiker muss zugeben, dass die Lage der meisten Hotels vortrefflich ist, Sauberkeit gepflegt wird und der Service nichts zu wünschen übrig lässt. Und er sieht mit Freude, dass dort, wo neue Herbergen entstehen oder alte

Im Vecchio Convento kann man nicht nur stimmungsvoll übernachten, sondern auch ausgelassen feiern (→ S. 86).

renoviert werden, zunehmend auf freundliche Einrichtung und Gemütlichkeit geachtet wird.

Zuschauen bei dieser Entwicklung konnte man im Hotel Commercianti in Bologna (→ S. 29). Die Zimmer im ersten und zweiten Stock litten lange an Gesichtslosigkeit. Inzwischen sind alle Räume mit der Renovierung – zum Beispiel durch einfühlsame Auswahl von Stoffen und Materialien, die zum Ambiente passen – so schön geworden, dass man sie trotz der Steinwurfnähe zur Piazza Grande kaum verlassen möchte.

Andere Ausnahmen der Hotelmisere finden sich meist auf dem Land. Der Albergo Al Vecchio Convento über Forli (→ S. 86) oder die Casa Matilde bei Canossa (→ S. 52) sind preiswerte und teure Beispiele dafür.

Ferien auf dem Bauernhof

Das neue Zauberwort für den Urlaub mit Tuchfühlung in Italien lautet **Agriturismo**. Auch in der Emilia Romagna öffnen immer mehr Höfe ihre Gatter und Tore für Touristen, die aus direkter Anschauung mehr über Weinbau, Käseproduktion oder Schweinezucht lernen wollen. Viele Bauernhöfe bieten Reitpferde an; in fast allen bekommt man von **mamma** selbst die typische emilianische bzw. romagnolische Küche vorgesetzt. Und wer ihr dabei über die Schulter schaut, lernt vielleicht manchen Kniff, den der Italiener daheim um die Ecke noch nicht kennt. Direkter Ansprechpartner für Ferien auf dem Bauernhof in der Emilia Romagna ist die Associazione Agriturismo Emilia Romagna in Bologna, Tel. 0 51/50 49 25.

Hotels sind bei den einzelnen Orten im Kapitel »Sehenswerte Orte« beschrieben. Bereits ab der mittleren Preisklasse (★★) werden gemeinhin die gängigen **Kreditkarten** akzeptiert.

Übernachten in einer ehemaligen Burg: Selva Smeralda bei Bardone ist eine charmante Herberge des Agriturismo, der italienischen Version des Urlaubs auf dem Bauernhof (→ S. 79).

Alle in diesem Buch empfohlenen Unterkünfte auf einen Blick

Komforthotels für höhere Ansprüche

Bologna: Baglioni .... S. 29
Bologna: Commercianti M M ... S. 29
Canossa: Casa Matilde .... S. 52
Ferrara: Isabella d'Este .... S. 39
Portico di Romagna:
Al Vecchio Convento M M M . S. 86
Soragna: Locanda del Lupo .... S. 87

Hotels mit Flair/Besondere Lage

Brisighella:
Relais Torre Pratesi .... S. 14
Canossa: Casa Matilde .... S. 52
Ferrara: Europa M M .... S. 39
Ferrara: Ripagrande M M M .... S. 39
Modena: Villa Gaidello .... S. 48
Modena: Canalgrande M M ..... S. 48
Portico di Romagna:
Al Vecchio Convento .... S. 86

! MERIAN-Tipp

Relais Torre Pratesi Nach den Standort-Theorien kühler Fremdenverkehrsplaner müsste man Nerio Raccagni wohl Leichtsinn vorwerfen. Tatsächlich war es eher Leidenschaft, die den Wirt der renommierten **Osteria La Grotta** in **Brisighella** dazu trieb, den Wohnturm aus dem 16. Jh. zu restaurieren. Das Ergebnis ist ein neu geschliffener Juwel, eingebettet in die Einsamkeit des Apennin. Die Zimmer und Suiten sind vom Feinsten, das Restaurant Spitzenklasse. Via Cavina, 11, 12345 Brisighella; Tel. 05 46/8 45 45, Fax 8 45 58; www.torrepratesi.it; 7 Zimmer
★★★★ ■ A 22, S. 118

Mittelklassehotels

Bologna: Palace M .... S. 30
Ferrara: Carlton .... S. 39
Modena: La Torre .... S. 48
Parma: Stendhal .... S. 56
Parma: Torino .... S. 56
Ravenna: Argentario .... S. 65
Ravenna: Bisanzio .... S. 65
Ravenna: Centrale Byron .... S. 65
Ravenna: Jolly .... S. 65

Einfache Hotels und Pensionen

Bologna: Apollo .... S. 29
Bologna: Centrale M .... S. 29
Ferrara: Santo Stefano .... S. 39
Parma: Croce di Malta .... S. 56

Ferien auf dem Bauernhof/ Agriturismo

Modena (Castelfranco Emilia):
Villa Gaidello M M .... S. 48
Parma (Bardone):
Selva Smeralda .... S. 79

Preisklassen

Die Preise gelten für eine Übernachtung im Doppelzimmer für zwei Personen, ohne Frühstück. Achtung: Wenn in Bologna Messe ist, verdoppeln sich die Hotelpreise dort!

★★★★ ab 200 €
★★★ ab 120 €
★★ ab 60 €
★ bis 60 €

♿ Diese Unterkünfte haben behindertengerechte Zimmer.

🐕 In diesen Unterkünften sind Hunde erlaubt.

Das Hotel Canalgrande in Modena besticht durch sein antikes Ambiente (→ S. 48).

Gratulation! Sie haben das italienische Schlaraffenland gefunden – voller köstlicher Schinken und aromatischer Käse. Und der süffige Wein fließt dazu in Strömen.

Die Kurgäste der Terme Berzieri in Salsomaggiore Terme (→ S. 64) werden auch kulinarisch verwöhnt.

Es war einmal in Bologna, dass sich irgendjemand ein Scheibchen Nudelteig nahm, etwas Paste darauf gab und einen hübschen Teigring daraus rollte: Die **tortellini** waren geboren. Man weiß nichts über den Künstler (oder, was sehr viel wahrscheinlicher ist, die Künstlerin), aber seine Schöpfung hat ihre magische Ausstrahlung bis heute behalten. Ihre wundervolle Form ist mit dem Nabel der Venus identifiziert worden. Kein Wunder, dass sie als erotischste Pasta der Welt bezeichnet worden ist. Das zeigt auch, mit wie viel Lust die Italiener bei der Sache sind, wenn es um die Nahrungsaufnahme geht. Und nirgendwo ist diese Lust vermutlich größer als in der Emilia Romagna.

Region der Erfinder

Liebe macht erfinderisch. Die Nation, die die Pasta liebt, ist folgerichtig Weltmeister im Ersinnen immer neuer Teigwaren. Die Region zwischen Piacenza und Rimini hat besonders früh damit angefangen. Die **tagliatelline in brodo**, die kleinen Bandnudeln in Fleischbrühe, stammen bereits aus der Renaissance. Ein Leibkoch in Ferrara hat sie für Lucrezia Borgia ersonnen, die in Fragen der leiblichen Genüsse bekanntlich recht anspruchsvoll war.

Aber das war erst der Anfang. Es folgten lange Nudeln, breite, hohle, eckige, runde und gefüllte. Und wenn sie hier dieselbe Pasta machten wie dort, wurde sie eben anders genannt. Was zum Beispiel in Bologna und Modena **tortelloni** oder **tortellini** heißt, wird in Ferrara **cappellacci** und **cappelletti** genannt. Sie sind mit Spinat und Ricotta oder auch mit **zucca** (Kürbis) gefüllt und wollen in **brodo** (Fleischbrühe), in Butter und Salbei geschwenkt oder mit **ragù** (Fleischsoße) genossen werden.

Überhaupt ragù. Aus Bologna stammt diese Hackfleischsoße, die in Verbindung mit tagliatelle zu einem der großen Klassiker der italienischen Küche wurde. (Kommen Sie übrigens lieber nicht auf die Idee, wie daheim Spaghetti zu dem ragù zu bestellen. Hartweizen nämlich, weiß man in der Universitätsstadt, verträgt sich längst nicht so gut mit der Fleischsauce wie Eiernudeln, die den Geschmack weicher und voller machen.) **Alla bolognese** sind auch die Lasagne und die Mortadella. Kein Zweifel also mehr an der Einschätzung der Landsleute: Bologna ist der Nabel im Bauch von Italien. Und der bleibt selten lange leer: Was zwischen Rimini und Piacenza auf die Teller kommt, ist nicht selten deftige Hausmannskost. Der kulinarische Ruhm der Region beruht allerdings auf den edleren Produkten, die das Herz jedes Gourmets bis zum Gaumen schlagen lassen.

Namensstreit um einen Käse

Da ist vor allem der Schinken, **prosciutto di Parma**, der südlich von Parma reift und seinen unverwechselbaren Geschmack den salzigen Winden verdankt, die von der toskanischen Riviera über den Apennin kommen. Von nicht minderer Qualität ist der **culatello** (»Ärschchen«), ein edler Schinken, der dort reift, wo die Provinz Parma an die Ufer des Po stößt. Und mit dem Namen derselben Stadt wird auch der delikate Hartkäse verbunden, der bei uns unkorrekt Parmesan heißt. Aber auch, wer ihn **parmigiano** nennt, sagt nur die halbe Wahrheit und bringt die fleißigen Nachbarn aus Reggio auf die Barrikaden, weil sie sich als wahre Heimat des edlen Milchproduktes sehen. Weil der Käse noch heute auf ihrem Gebiet genauso zu Hause ist wie in der Provinz Parma, haben sie 1955 schon den langen Namen **Par-**

migiano-Reggiano durchgesetzt. In Reggio sitzt auch das Konsortium, das mit Argusaugen über die gleich bleibende Güte wacht (und den Ausschluss von Konkurrenzkäse).

Eine solche Institution haben auch die Erzeuger des vielleicht exklusivsten Produkts der Region gegründet, des schwarzen Goldes der Emilia, des **aceto balsamico**. Aus Traubenmost aus der Gegend um Modena reift der hocharomatische Balsamessig über Jahrzehnte in verschiedenen Holzfässern heran, bis er dickflüssig, intensiv und astronomisch teuer die Gerichte der Region nur noch tröpfchenweise verfeinert. Mit dem gleichnamigen Produkt aus den Regalen unserer Supermärkte jedenfalls hat der aceto balsamico etwa so viel zu tun wie Champignons mit Trüffeln, die Emiliani und Romagnoli ebenso wie Steinpilze in beneidenswerten Mengen verspeisen.

Ehrenrettung für den roten Fusel

Das schwere Essen (nicht umsonst trägt Bologna den Beinamen »Die Fette«) will im Magen säurebehandelt werden. Dafür züchten die weisen Emilianer und Romagnolen süffige, aber nicht allzu schwere Weine, die gerade den rechten Anteil an Fett zersetzenden Substanzen mitbringen. Die ganz großen Tropfen sind sicher nicht darunter, aber doch viele recht respektable. Dazu zählt vor allem einer, der zwar weltberühmt ist, aber zu Unrecht einen denkbar schlechten Ruf hat. Der **Lambrusco**, bei uns geradezu der Inbegriff des billigen Fusels, hat in seiner lieblos zusammengepanschten Variante auf unzähligen Kellerparties bei jungen Leuten zum ersten Rausch und am nächsten Morgen zur ersten Reue geführt.

Doch der rote **frizzante**, der in der Umgebung von Modena nicht für den Massenexport in Zweiliterflaschen, sondern als würziger und säurereicher Speisenbegleiter gedeiht, wird in seiner Heimat nicht umsonst als Qualitätswein geschätzt. Empfehlenswert ist besonders der **Lambrusco Grasparossa di Castelvetro**, der von den Hügeln südlich von Modena kommt. Die Erzeugnisse der besten Lambrusco-Winzer erkennt man am lebendigen Schaum, dem intensiven Beerenduft und dem weichen, trockenen Geschmack.

Aber unter den rund 75 Millionen Hektolitern Wein, die jährlich in der Emilia Romagna gekeltert werden (die damit Platz vier in Italien ein-

MERIAN-Tipp

Azienda Agricola La Pusterla Da ist zum einen das Ambiente. Das ehrwürdige Weingut residiert in altem Gemäuer, umgeben von Kraft strotzenden Weinbergen und sanfter Hügellandschaft. Zum zweiten beeindruckt ein äußerst angenehmes Preis-Leistungs-Verhältnis. Der beste Tropfen etwa, der Gutturino Riserva, macht Sie gerade mal um 4,50 Euro pro Flasche ärmer. Dann gibt es noch den Pesönlichkeitsfaktor. Denn der Winzer, Giorgio Freschi, führt seine Gäste mit viel Liebe (und perfektem Deutsch) durch sein Anwesen. 29010 Vigolo Marchese die Castell' Arquato; Tel. und Fax 05 23/89 61 05, Voranmeldungen nur für Gruppen nötig ■ C 2

nimmt), gibt es beileibe nicht nur Lambrusco. Im Gegenteil bietet die Region eine kaum überschaubare Vielfalt an Rebensäften. Es sind leichte Trinkweine dabei wie **Pagadebit** (wörtlich übersetzt: Schuldenzahler), der besonders gut zu Meerestieren passt. Er kommt aus den Provinzen Forli und Ravenna, genauso wie der **Cagnina di Romagna**. Dabei handelt es sich um eine Art süßen Primeur, der vorzüglich zu Desserts und Käse passt.

Echte Überraschungen warten im **Bosco Eliceo** östlich von Ferrara auf Bacchus' Jünger. Die dort gezüchteten Rot- und Weißweine haben allesamt einen kräftigen Charakter, sollten allerdings möglichst jung getrunken werden. Typisch für die gesamte Region neigen sie zu einem leichten Perlen, das sich bis hin zum aufgeregten frizzante steigern kann.

Geheimtipp von den colli bolognesi

Die ehrgeizigen Winzer der Emilia Romagna experimentieren schon mal (und durchaus erfolgreich) mit importierten Rebsorten wie Chardonnay oder Riesling. Dabei brauchen sie sich mit den Ergebnissen aus heimischen Trauben auch im italienischen Gesamtbild nicht zu verstecken.

Der qualitätvollste Rotwein der Region ist zweifellos der schwere **Sangiovese**, der vorwiegend in der Romagna wächst und sich gut mit dem Kleinwild verträgt, das in diesem Teil des Apennin gejagt wird. Der kleinere Teil der Region bringt mit dem **Albana** auch den besten Weißen hervor. Ein spannender Geheimtipp ist der **Pignoletto**, dessen charakteristisch kräftiges, vielfruchtiges Aroma am schönsten auf den **colli bolognesi** gedeiht. Dagegen wirken die Erzeugnisse des ertragreichsten Weingebiets der Emilia, den **colli piacentini**, kraftloser. Doch für sich betrachtet besitzen die perlenden **Trebbianos**, **Barberas** und **Gutturnios** von den Hügeln über Piacenza einen durchaus erfreulichen lokalen Charakter.

Die Emilia Romagna ist also nicht nur Urlaubs- und Kultur-, sondern auch und vor allem eine kulinarische Destination. Nirgendwo sonst ist die Auswahl an Speisen so qualitäts-(und gehalt-)voll wie zwischen Po und Apennin, und dass die Menschen hier leidenschaftlich streiten, wo in der Region am besten gekocht wird, macht die Küche dieses Landstrichs insgesamt umso besser. Bei Tisch begreift man am ehesten, wie genussvoll die Emiliani und Romagnoli zu leben verstehen, und nirgendwo mehr als bei Tisch ist die Gefahr der Verführung größer, auch in dieser höchst appetitlichen Region leben zu wollen.

Restaurants sind bei den einzelnen Orten im Kapitel »Sehenswerte Orte« beschrieben. Bereits ab der mittleren Preisklasse (★★) werden gemeinhin die gängigen **Kreditkarten** akzeptiert.

Preisklassen

Die Preise gelten für ein Menü ohne Getränke, Steuern und Trinkgeld.

★★★★ ab 35 €
★★★ ab 25 €
★★ ab 12,50 €
★ bis 12,50 €

La dolce vita: Auf der Piazza Cavalli in Piacenza, dem quirligen Treffpunkt für Einheimische wie Besucher, lässt es sich hervorragend mit der Seele baumeln (→ S. 64).

Essdolmetscher

Wichtige Redewendungen im Restaurant (→ S. 107)

A

abbacchio: Milchlamm
acciughe: Sardellen
aceto: Essig
affettato: kalter Aufschnitt
affumicato: geräuchert
aglio: Knoblauch
agnello: Lamm
agnolotti: gefüllte Nudeltäschchen aus Piacenza
al forno: im Ofen gebacken
amaro: bitter, Magenbitter
anatra: Ente
anguilla: Aal
arancia: Orange
asparagi: Spargel

B

baccalà: Stockfisch
birra: Bier
– *alla spina:* Bier vom Fass
biscotti: Kekse
bollito misto: verschiedene Sorten von gekochtem Fleisch
bottiglia: Flasche
braciola: Kotelett
brasato: Rinderbraten in Wurzelgemüse und Rotwein
brodo: Brühe
burro: Butter

C

caffè: Espresso
– *corretto:* Espresso mit einem Schuss Schnaps, meist Grappa
– *latte:* Milchkaffee
– *lungo:* etwas dünnerer Kaffee
– *macchiato:* Espresso mit einem Schuss Milch
calamari: Tintenfische
cappuccino: Espresso mit Milchschaumkrone
capra: Ziege
capretto: Zicklein
carciofi: Artischocken
carne: Fleisch
cavolfiore: Blumenkohl
ceci: Kichererbsen
ciliegie: Kirschen
cima: gefüllte Kalbsbrust
cinghiale: Wildschwein
coniglio: Kaninchen
cornetto: Croissant
costata: Kotelett
cotechino: Mettwurst
cotto: gekocht
crespelle: Pfannkuchen
crudo: roh
culatello: Schinkenwurst vom rechten Hinterbein des Schweins

D/E

dolce: süß, Süßspeise
erbazzone: Kräuterkuchen aus Parma
erbe: Kräuter

F

fagioli: weiße Bohnen
farcito: gefüllt
farro: Dinkel
fava: Ackerbohne
fegato: Leber
fichi: Feigen
focaccia: Fladenbrot
formaggio: Käse
fragole: Erdbeeren
frittata: Omelett
frutta: Frucht
frutti di mare: Meeresfrüchte
funghi: Pilze
– *porcini:* Steinpilze

G

galetto: Hähnchen
gamberetti: Garnelen
gnocchi: Kartoffelklößchen
grana: Hartkäse
gratinate: gratiniertes Gemüse
grigliata: Gegrilltes

I/L

in brodo: in der Brühe
insalata: Salat
– *mista:* gemischter Salat
latte: Milch
– *macchiato:* heiße Milch mit einem Schuss Espresso

lattuga: Kopfsalat
lepre: Hase
lombata: Lende

M
maiale: Schwein
manzo: Rindfleisch
melanzane: Auberginen
menta: Minze
miele: Honig

N/O
noce: Nuss
olio: Öl
ossobuco: geschmorte Kalbshaxe

P
pampepalo: Pfefferkuchen aus Ferrara
pancetta: Bauchfleisch
pane: Brot
panino: Brötchen
panzerotti: gefüllte Teigtäschchen
pappardelle: breite Bandnudeln
parmigiano: Parmesan
pasta: Nudeln
pasticcio: mit Maccheroni gefüllte Blätterteigpastete in Ferrara
patate: Kartoffeln
– *arroste:* Bratkartoffeln
pecorino: Schafkäse
piadina: Fladenbrot aus der Romagna
picula ad caval: Pferdefleischgericht in Piacenza
pisarei e fasò: Teigwaren mit dicken Bohnen in der westlichen Emilia
piselli: Erbsen
polenta: Maisbrei
pollo: Huhn
polpo: Oktopus
porchetta: Spanferkel
prosciutto: Schinken

R/S
ragù: Hackfleischsoße
ripieno: gefüllt
riso: Reis
rognone: Niere
salama al sugo: in Rotwein getränkte Kochwurst aus Ferrara
salmone: Lachs
salsa: Sauce
salsiccia: Wurst
salumi: kalter Aufschnitt
scaloppine: Schnitzel
scampi: Shrimps
semifreddo: Halbgefrorenes
sogliola: Seezunge
spalla cotta: gekochte Schweineschulter aus San Secondo
spongate: Honiggebäck aus Busseto
spremuta: frisch gepresster Fruchtsaft
spumante: Schaumwein
spuntino: Imbiss, Brotzeit
squaquerone: Weißkäse in Ravenna
stracchino: Weichkäse
stracotto: Schmorbraten
strutto: Schmalz
succo di frutta: konzentrierter Fruchtsaft

T
tagliatelle: Bandnudeln
tartufo: Trüffel
tonno: Tunfisch
torta di riso: Reiskuchen aus Reggio Emilia
tortelli: gefüllte Teigringe
tortellini: kleine Teigringe
tortelloni: große Teigringe

U/V
uovo: Ei
– *strapazzato:* Rührei
– *al tegamino:* Spiegelei
verdura: Gemüse
vermicelli: Fadennudeln
vitello: Kalb
– *tonnato:* kaltes Kalbfleisch in Tunfischsoße
vongole: Venusmuscheln

Z
zabaione: süße Weincreme
zampone: gefüllter Schweinsfuß in Modena
zucca: Kürbis
zuppa: Suppe
– *di fagoli:* Bohnensuppe
– *inglese:* mit Alkohol getränkte Torte

Wie Perlen einer Kette sind die wichtigsten Städte auf der Via Aemilia aufgereiht. Doch die »natürlichen Reize« der Region liegen abseits der großen Trasse.

Eine Aura des Friedens und der Erhabenheit erfüllt das breite Kirchenschiff von Sant' Apollinare in Classe *(→ S. 73).*

Bologna die Rote, Bologna die Gelehrte, Bologna die Fette. Mit diesen drei Attributen musste die Kulturstadt Europas im Jahr 2000 leben – sie tut es bis heute mit Vergnügen.

Bologna

■ E 12, S. 113

384 000 Einwohner
Stadtplan → Klappe hinten

Rot ist nicht nur die Farbe des Backsteins, aus dem in Bologna fast alles gebaut ist. Rot war auch lange Zeit die Gesinnung der Stadt. Erstmals seit dem Zweiten Weltkrieg wird sie nun wieder bürgerlich regiert. Wirtschaftlich hat die linke Vergangenheit Bologna – nach Mailand zweitwichtigste Messestadt Italiens – nicht geschadet. Im Gegenteil: »Wenn etwas in Italien schief läuft, ist die Mafia daran schuld«, heißt es, »wenn es gelingt, ist es Bologna.« Das liegt nicht zuletzt an der Universität, der die Stadt den Beinamen »die Gelehrte« verdankt. Denn Bologna ist Sitz der ältesten Hochschule der Welt. Zunächst handelte es sich um einen von der Kirche unabhängigen Zusammenschluss von Schülern und Lehrern des Rechts und der Theologie. Doch bereits vor 900 Jahren blühte der Lehrbetrieb auf, der noch heute lebendig ist. Rund 90 000 Studenten sorgen dafür, dass **La Dotta**, die Gelehrte, keinen Muff unter den Talar bekommt. Stattdessen wölbt sich dort ein sympathisch runder Bauch. Denn Bologna isst sehr gern. Das hat der Stadt den dritten Titel eingebracht, der im Italienischen ganz und gar nicht abwertend gemeint ist: **La Grassa**, die Fette, hat der Welt die Mortadella geschenkt, das berühmte **ragù alla bolognese** und die erotischsten Nudeln der Welt, die **tortellini**.

Das alles erklärt jedoch noch nicht, warum ein Großteil der Italiener die Frage nach der lebenswertesten Stadt mit Bologna beantwortet. Diese Wertschätzung rührt von der noblen Schönheit der Gebäude, die sich zu Straßen und Plätzen in edlen Bogenstellungen öffnen. Vermutlich nirgendwo sonst ist es möglich, so lange Strecken unter dem Schutz von Arkaden zu wandeln. Die Messungen schwanken zwischen 35 und über 40 Kilometern. Dabei schätzen die Bolognesen ihre Arkaden auch als eine zutiefst demokratische Bauform. Denn sie vereinheitlichen die dahinter liegenden Häuser und Paläste und versammeln unter ihrem Schutz alle Volksschichten – die Roten, die Gelehrten und die Fetten.

Ein wunderbar duftendes Schlaraffenland, das nur Vegetarier meiden, ist der Feinkostladen Tamburini (→ S. 35).

Hotels/andere Unterkünfte

Apollo ■ d 4
Schnörkellose Unterkunft über den Fressgassen.
Via Drapperie 5; Tel. 0 51/22 39 55, Fax 23 87 60; 14 Zimmer ★

Baglioni ■ c 4
Das Flaggschiff der Bologneser Hotellerie ist eher auf Messebesucher zugeschnitten. Eines der Leading Hotels of the World.
Via dell'Indipendenza, 8; Tel. 0 51/22 54 45, Fax 23 48 40; www.baglionihotels.com; 118 Zimmer ★★★★ ♿

Centrale M ■ c 4
Einfache Zimmer im dritten Stock eines Altbaus. Die Lage hält, was der Name verspricht; dafür muss man aber auch einen gewissen Lärmpegel in Kauf nehmen.
Via della Zecca, 2; Tel. 0 51/22 51 14, Fax 23 51 62; 20 Zimmer ★★

Commercianti M M ■ c 5
Die renovierten Zimmer mit Balkon zum Seitenschiff von San Petronio sind die schönsten der Stadt.
Via de' Pignattari, 11; Tel. 0 51/23 30 52, Fax 22 47 33; www.commercianti.hotel-bologna.net; 31 Zimmer ★★★ bis ★★★★

Palace M ■ c 4
Verhältnismäßig ruhiges und stilvoll altmodisches Hotel. Von einigen Zimmern im fünften Stock hat man einen schönen Blick über die Dächer.
Via Montegrappa, 9; Tel. 0 51/23 74 42, Fax 22 06 89; www.hotelpalace_bologna.com; 113 Zimmer ★★ bis ★★★

Spaziergang

Beginnen Sie Ihren Rundgang auf der **Piazza Maggiore**. Das seit dem Mittelalter unangefochtene Zentrum der Stadt ist noch heute ein Paradebeispiel der italienischen Platzkultur. Nehmen Sie sich Zeit und trinken Sie einen Cappuccino in einem der Cafés unterm Palazzo del Podestà, beobachten das alltägliche Treiben, die wahrhaft bühnenreife Kommunikation vor der mächtigen Kulisse der Fassade von **San Petronio**. Vor allem ältere Herren treffen sich hier jeden Nachmittag und debattieren mit nie nachlassender Leidenschaft über Sport und Politik. Wandern Sie sodann die wichtigen Paläste des großen Platzes ab.

Neben der Kirche steht der spätgotische **Palazzo dei Notai**, in dem früher die städtischen Notare ihr hoch angesehenes Gewerbe ausübten. Von Westen wird die Piazza Maggiore vom **Palazzo Comunale** (auch **Palazzo D'Accursio**), dem Rathaus, begrenzt. Man sieht dem rotbraunen Komplex an, dass man nach Baubeginn 1287 etliche Jahrhunderte brauchte, bis seine heutige Gestalt erreicht war. Vom Balkon über dem Portal grüßt die Bronzefigur Papst Gregor XIII., des großen Kalenderreformators, der aus Bologna stammte. Der Weg ins Innere des Palazzo und die sehenswerten Museen (**Städtische Kunstsammlung** und **Museo Morandi**) führt über eine gewaltige, für Fußgänger eher mühsame Pferdetreppe. Der große Renaissancearchitekt Bramante soll sie kurz nach 1500 angelegt haben. Schräg gegenüber vom Rathaus ragt der zinnengekrönte **Palazzo di Re Enzo** auf. Der König von Spanien und Sohn des Stauferkaisers Friedrich II. war 1249 nach verlorener Schlacht von den Bolognesen gefangen genommen und bis zu seinem Tod in diesem Palast festgehalten worden. Er hat sein Schicksal in herzerweichenden Versen beklagt.

Im Osten des Platzes geht es durch Arkaden hindurch in den »Bauch« der Stadt, den so genannten Quadrilatero. Hier öffnet sich ein kleines Netz regelrechter Fressgassen, in denen sich die emilianische Küche von ihrer besten Seite zeigt. Über die Via degli Orefici und die Via Caprarie geraten Sie auf eine dreieckige Piazza, über deren spitzen Winkel die Wahrzeichen Bolognas, die **Torri Asinelli** und **Garisenda**, in den Himmel wachsen. Gegenüber steht die **Loggia della Mercanzia**, ein Juwel der internationalen Gotik. Zu ihrer Linken beginnt die von herrlichen Palazzi gesäumte Via Santo Stefano, der Sie bis zum gleichnamigen Kirchenensemble folgen. Bevor Sie es besichtigen, dürfen Sie an der gleichnamigen Piazza kurz in die uralte und eben renovierte Casa Isolani abbiegen, um sich abschließend mit einem Cappuccino zu stärken.

Sehenswertes

Basilica di San Domenico ■ d 5–6
1221 starb in Bologna der Spanier Domenikus, Begründer des nach ihm benannten Bettelordens. Nach seinem Tod begann man mit dem Bau seiner Grabeskirche. Der durch Barockisierung des Inneren und Renovierungen in unserem Jahrhundert stark veränderte Bau lohnt den Besuch vor allem wegen der Kapelle des Heiligen selbst. Denn sein Grabmal, die **Arca di San Domenico**, ist ein Kompendium italienischer Bild-

Oben: Im Museo Giorgio Morandi sind zeitlose Stillleben von schlichter Schönheit zu bewundern (→ S. 34).

Mitte: Ein harmonisches Geviert der Baustile umrahmt die Piazza Maggiore – ein prachtvolles Beispiel italienischer Platzkultur (→ S. 30).

Unten: Wo jedes Haus ein Kunstwerk ist, befindet man sich in Dozza, einem wahrhaft »malerischen« Bergdorf südöstlich von Bologna (→ S. 36).

hauerkunst vom späten Mittelalter bis zur Renaissance. Nicolò Pisano schuf ab 1267 den eigentlichen Sarkophag, der Aufsatz brachte dem bis dahin unbekannten Nicolò da Bari den Ehrennamen dell'Arca ein, und der pausbäckigere der beiden Kandelaberengel sowie die Statuetten der Heiligen Proculus und Petronius sind das Werk des kaum zwanzigjährigen Michelangelo.
Piazza di S. Domenico, 13; tgl. 7–13 und 14.30–20 Uhr, So und feiertags auch 21–23 Uhr

Basilica di San Petronio ■ d 4–5
Der Tempel des Stadtpatrons gehört zu den größten Kirchen der Christenheit und ist nicht zuletzt deshalb eines der bedeutendsten Gotteshäuser Italiens. Im Jahre 1390 mit dem Stolz kommunaler Freiheit auf 200 m Länge geplant, beeindruckt San Petronio schon allein durch seine Größe. Doch wie so viele Kirchen Italiens ist auch San Petronio ein Bau im Rohzustand. So fehlt ihm das einst geplante Querhaus. Auch die Fassade ist unvollendet geblieben. Nur ihr unterer Teil konnte mit Marmor verkleidet werden, darüber wächst der rohe Backstein in die Höhe. Am Hauptportal befinden sich mit den biblischen Szenen und Figuren von Jacopo della Quercia einige der wichtigsten Reliefs der Frührenaissance. Das Innere weist zahlreiche Kunstwerke auf, von denen aber keines mit dem Eindruck des riesigen Hauptschiffes wetteifern kann. San Petronio ist keine Bischofskirche, sondern die größte Pfarrkirche der Welt.
Piazza Maggiore; 7.15–13.30 und 14.30–18.30 Uhr

Fontana del Nettuno ■ c 4
Giambologna heißt der Schöpfer der bronzenen Brunnenfigur nicht etwa, weil man ihn hier für sein Meisterwerk ehren wollte oder er gar Sohn der Stadt gewesen wäre.

1

Der Name des gebürtigen Flamen ist schlichtweg eine Verballhornung von Jean de Boulogne. So hieß der Bildhauer, der den Gott der Meere im Auftrag von Papst Julius II. 1564 bis 1566 in heroischer Nacktheit darstellte. Im sittenstrengen Barock wurde dem Wassergott nachträglich ein Feigenblatt verpasst. Heute darf er wieder nackt, wie Giambologna ihn schuf, auf die Piazza Maggiore schauen.

Palazzo dell'Archiginnasio ■ d 4–5
Als Papst Pius IV. 1561 den Bau der Kunst- und Rechtsakademie in Auftrag gab, brachte er erstens den Lehrbetrieb in Bologna unter ein Dach und unter die Kontrolle des Vatikans. Zweitens beendete er die ehrgeizigen Hoffnungen der Bolognesen, ihre Stadtkirche über die Maße von St. Peter in Rom hinauswachsen zu lassen. Denn der auf Arkaden ruhende Bau stellte sich dem geplanten Querhaus von San Petronio in den Weg. Doch die »Erzbischöfliche Lehranstalt« ist nicht nur als architektonisches Dokument päpstlichen Machtanspruchs sehenswert. Mauern und Gewölbe – besonders im Innenhof – sind über und über mit Wappen geschmückt, und im ersten Stock befindet sich ein ganz aus Holz geschnitztes **Anatomisches Theater**.
Piazza Galvani, 1; tgl. außer So 9–18.30, Sa 9–13 Uhr

San Giacomo Maggiore ■ e 4
Im 15. Jh. hieß dieses Gotteshaus im Volksmund nur **Bentivoglio-Kirche**, nach einem Adelsgeschlecht, das nach mehreren blutigen Anläufen in Giovanni II. Bentivoglio endlich einen Vertreter hatte, der die Stadt lange (1460–1506) und segensreich beherrschte. Tatsächlich ist die Kirche reich an (vor allem Grab-)Monumenten der Familie. Besonders sehenswert sind das Hochgrab für Anton Galeazzo Bentivoglio mit der interes-

santen Studierszene von Jacopo della Quercia (1435) und die Familienkapelle.
Piazza G. Rossini; tgl. 6.30–12 und 15.30–18 Uhr

San Pietro ■ d 4
Vielleicht lenkt die unlängst abgeschlossene Renovierung die Aufmerksamkeit auf den großartig dimensionierten Barockbau, der immerhin die Bischofskirche Bolognas ist. Stolzer Überrest einer früheren Bauphase ist der von einer Bleikuppel gekrönte **Glockenturm.**
Via dell'Indipendenza, 7; Mo, Sa 7–12 und 16 (Sa 15.30)–18.30, So 8–12.30 und 15.30–18.30 Uhr

Santa Maria della Vita ■ d 4
Wer bisher die italienische Renaissance mit idealer Anmut identifiziert hat, wird in dieser Kirche eine Ausnahme kennen lernen. 1463 schuf Nicolò dell'Arca eine fast lebensgroße Tongruppe, die ihre Trauer über den Tod Jesu nicht still zu ertragen vermag, sondern über dem Leib des toten Christi schmerzverzerrt verzagt oder in Raserei verfällt.
Via Clavature, 10; Sommer: 8–12.30 und 16.30–19 Uhr, Winter: 8–19 Uhr

Santo Stefano ■ e 5
Nicht eine Kirche, sondern ein wunderlicher Komplex von vier (ursprünglich sieben) kleinen Kirchenbauten, Kapellen und Kreuzgängen, die zu einer mittelalterlichen Nachempfindung des Heiligen Jerusalem zusammengefügt wurden. Im ältesten Bau, der stimmungsvollen **Basilica SS. Vitale e Agricola**, werden zwei Märtyrer des 4. Jh. verehrt. Nebenan in **San Sepolcro** (und nicht etwa in der ihm geweihten Pfarrkirche) ruht Bischof Petronius. Vor allem aber beeindruckt die Dekorationsfreude, die sich hier in der immer neuen Anordnung verschiedenfarbiger Backsteine ausdrückt. Es ist ein mittelalterlich mystisches Ensemble und ein ziemlich dunkles dazu. Geben Sie Acht, dass Sie sich nicht verlaufen!
Via Santo Stefano, 24; tgl. 9–12.30 und 15.30–18 Uhr

Torri Asinelli e Garisenda ■ d 4
Goethe hatte für das kleinere der beiden Wahrzeichen Bolognas kein gutes Wort übrig: »Der hängende Thurm ist ein abscheulicher Anblick, man traut seinen Augen nicht und doch ist höchstwahrscheinlich dass er mit Absicht so gebaut worden.« Hier irrte der Dichter. Denn die Torre Garisenda, von der die Legende erzählt, sie beuge sich schnuppernd herunter zu den Kochtöpfen der Stadt, muss sich in Wirklichkeit ihrem schwammigen Untergrund fügen. Auch ihre größere Partnerin steht nicht ganz

MERIAN-Tipp

Museo di Anatomia Umana Normale Man braucht nicht unbedingt ein ausgeprägt anatomisches Interesse, um von dieser Sammlung fasziniert zu sein. Doch ein Sinn für Kurioses ist gefragt. Denn im ersten Stock der medizinischen Fakultät der Universität sind in Schaukästen menschliche Wachsmodelle aus dem 18. Jh. ausgestellt. Einst dienten sie als Anschauungsmaterial für Studenten und zeigen daher alle Details des menschlichen Körpers. Starke Nerven sollte man deshalb mitbringen! Via Irnerio, 48; Mo–Fr 9–12 Uhr nach telefonischer Anmeldung (Tel. 0 51/24 44 67) ■ e 2

gerade. Aber der Aufstieg auf den Torre Asinelli lohnt sich. Nach 55 (Höhen-)Metern signalisiert eine Plakette, dass jetzt die Plattform des Schiefen Turms von Pisa erreicht wäre. 42 m später kann man bei guter Witterung bis nach Rimini und zu den Alpen schauen. Und das musste auch Goethe zugeben: »Die Aussicht ist herrlich.«
Piazza di Porta Ravegnana;
Okt.–April 9–17, Mai–Sept. bis 18 Uhr

Museen

Museo Civico Archeologico ■ d 4–5
Wenn Sie etwas über **Felsina** lernen wollen, die etruskische Vorläuferin Bolognas, oder die noch frühere **Villanova-Kultur** (benannt nach den Hauptfundorten), sollte dies das Museum Ihrer Wahl sein.
Via dell'Archiginnasio, 2; Di–Sa 9–14, So und an Feiertagen 9–13 und 15.30–19 Uhr

Museo Civico Medievale ■ c 3–4
Der Renaissance-Palast wäre allein wegen seines herrlichen Innenhofes sehenswert. Hinzu kommt die Kollektion Bologneser Kunst und Kunsthandwerks des Mittelalters, darunter die vergoldete Holzstatue Papst Bonifaz VIII. und Reliefplatten einiger Professoren-Gräber, die den Lehrbetrieb illustrieren.
Palazzo Ghisilardi-Fava, Via Manzoni, 4; Di–Sa 9–18.30 Uhr, So und feiertags 10–18.30 Uhr, Mo geschl.

Museo Giorgio Morandi ■ c 4
Umberto Eco hat einmal über den modernen Meister des Stilllebens gesagt, er habe mit seinen zartfarbigen Arbeiten »den Staub zum Singen gebracht«. Angesichts von 200 Werken und einer Nachbildung seines Ateliers lernen Sie den Bologneser Maler kennen.
Palazzo Comunale, Piazza Maggiore, 6; Di–So 10–18 Uhr

Pinacoteca Nazionale ■ e 3
Von Kennern wird die Malerschule von Bologna als denen von Florenz, Venedig und Rom ebenbürtig bezeichnet. Ihre wichtigsten Vertreter lassen sich alle in der Pinakothek studieren: Vitale da Bologna für eine ungewohnt expressive Gotik, Franco Francia für eine schönlinige, oberflächenreine Renaissance, die Caracci für den Aufbruch in die von ihnen mitbegründete Barockmalerei und Guidi Reni und Guercino für ihre Vollendung.
Via delle Belle Arti, 56; Di–So 9–19 Uhr

Essen und Trinken

Anna Maria M ■ e 3
Die Herstellerin der besten Nudeln von ganz Bologna bietet ihre Produkte auch in ihrer eigenen Trattoria an.
Via delle Belle Arti, 17 a; Tel. 0 51/26 68 94; Mo und Aug. geschl. ★★

! MERIAN-Tipp

India Sollten Sie nach üppigem Genuss von Mortadella, tortellini und parmigiano einmal genug haben von der emilianischen Küche – es gibt eine Alternative. Sie sieht aus wie ein Palast in Rajasthan und ist das Ergebnis ausgiebiger Reisen fünf ehemaliger Studenten der Universität von Bologna. Sie haben das Lokal aufwendig umgestaltet, vor allem aber hervorragende Köche in die Universitätsstadt berufen. Diese Meister im Küchenfach garantieren ein ziemlich authentisches kulinarisches Erlebnis aus einer ganz anderen Welt. Via Nazario Sauro, 14 a; Tel. 0 51/23 34 03; Mo und Aug. geschl. ★★ ■ c 3

I Caracci ■ c 4
Gepflegtes Hotelrestaurant mit 400 Jahre altem Deckenfresko – der eleganteste Speisesaal der Stadt.
Via Manzoni, 2; Tel. 0 51/22 54 45; So und Aug. geschl. ★★★★

Donatello M M ■ d 3
Manchmal sitzt die Sängerin Mirella Freni selbst unter ihrem Foto in der Jugendstil-Trattoria.
Via Righi, 8; Tel. 0 51/23 54 38; Sa und So abends und Aug. geschl. ★★

Papagallo M M ■ d 4
In dem historischen Gewölbe servieren Ezio und Anna Lisa Salsini regionale Spezialitäten auf wechselndem Niveau.
Piazza della Mercanzia, 3 c; Tel. 0 51/23 28 07; So geschl.
★★★ bis ★★★★

Franco Rossi ■ d 3
Im fetten Bologna sind die beiden Rossi-Brüder die Botschafter der leichten Küche.
Via Goito, 3; Tel. 0 51/23 88 18; So geschl.
★★★

La Vetta M M südöstlich ■ f 5
Alberto Tombas Lieblingslokal zelebriert die ländliche Variante der deftigen Küche zu erstaunlich niedrigen Preisen.
Via Castel del Britti, 41; Tel. 0 51/6 28 85 63; Mo geschl. ★

Einkaufen

Paolo Atti ■ d 4
Wer all die Leckereien nur durchs Schaufenster betrachten will, ist ein echter Kostverächter.
Via Drapperie, 6

Branchetti ■ e 4
Verkaufsstelle des außergewöhnlichsten Schuhmachers Italiens, Stefano Bi. Achtung: extrem teuer!
Strada Maggiore, 19

Deco Mela Art ■ d 4
Jedes zweite Wochenende gibt es am Dom einen Markt mit esoterisch angehauchten Kunsthandwerkern.
Via Altabella; Sa vormittags

Galleria Cavour ■ d 5
Nobel-kantige Passage mit Topdesignern, die ihre Kollektionen für die verführerischen paar Euro weniger als bei uns verkaufen.
Via L. Farini, 14

Richard Ginori ■ d 4
Villeroy & Boch auf Italienisch.
Via Rizzoli, 10

Maioliche Val Demone ■ e 4
Sizilianische Dekorationskeramik.
Via San Vitale, 32 a

Matias ■ d 3
Erstaunlich schöne Mode zu erstaunlich günstigen Preisen.
Via Guglielmo Oberdan, 45 b

Ottica Aurum ■ d 5
Scharfer Brillenshop im Geburtshaus der hl. Caterina.
Via de' Toschi, 11

Tamburini ■ d 4
Das Bologneser Schlaraffenland heißt Tamburini! Hier gibt es »prosciutto di Parma«, »culatello« und andere Spezialitäten der Region.
Via Caprarie, 1

Tempest ■ d 5
Legere Mode in nostalgischem Ambiente: eine Versuchung!
Piazza Minghetti, 3

Am Abend

Bentivoglio M ■ e 3
Cantina mit Live-Jazz und mehr als 200 verschiedenen Weinen zur Auswahl.
Via Mascarella, 4/b

Downtown ■ d 3
Schwarzweißer Videoschirm, roter Backstein – cooler wird's nicht.
Via delle Moline, 16/b

Osteria dell'Orsa ■ d 3
Etwas verruchter Jazzclub im »Quartier Latin« von Bologna.
Via Mentana, 1/f

Piazza Grande ■ c 3
Kellerlokal mit **canzone italiane.**
Via Manzoni, 6

Teatro Comunale ■ e 3
In dem Meisterwerk des Theaterarchitekten Antonio Bibiena begnügen sich die opernbegeisterten Bologneser nur mit höchster Qualität.
Piazza G. Verdi; Tel. 0 51/52 90 11; Nov.–Juni

Service

Auskunft ■ c 4
Piazza Maggiore, 6; Tel. 0 51/24 65 41, Fax 6 39 31 71; http://iat.comune.bologna.it

Bahnhof ■ c 1
Piazza delle Medaglie d'Oro;
Tel. 0 51/24 64 90

Busbahnhof ■ d 1
Piazza XX Settembre, 6; Tel. 0 51/24 83 74

Flughafen

Aeroporto Guglielmo Marconi
Via del Triumvirato, 84, Borgo Panigale; Tel. 0 51/6 47 96 15; www.bologna-airport.it

Taxi
Tel. 0 51/37 27 27

Medizinische Hilfe

Ospedale Maggiore westlich ■ a 2
Largo B. Nigrisoli; Tel. 0 51/38 29 84
Ospedale S. Orsola ■ f 4
Via Massarenti, 9; Tel. 0 51/34 24 16
Notarzt Tel. 1 18

Ziele in der Umgebung

Dozza ■ A 21, S. 118

5400 Einwohner

Dozza ist mit Sicherheit der malerischste Ort der Emilia Romagna: Seit 1965 werden die Hauswände des kleinen Bergdorfes alle zwei Jahre bei der **Biennale del Muro Dipinto** von Künstlern aus aller Welt bemalt. Die meisten der aufwendigen Mauerbilder bleiben der Nachwelt erhalten.

Einkaufen

Enoteca Regionale dell'Emilia Romagna
Dozza wird von einer mittelalterlichen Burg beherrscht, in deren Keller wahre Schätze lagern. Und sie können gehoben werden: Die Sammlung aller Weine der Region – von den Colli Piacentini bis zum Bosco Eliceo bei Ferrara – ist zum Kosten und Verkaufen da. 9
Rocca Sforzesca, 40050 Dozza;
Tel. 05 42/67 80 89, Fax 67 80 73;
www.enotecaemiliaromagna.it;
28 km südöstlich von Bologna

Imola ■ A 21, S. 118

64 000 Einwohner

Der Gegenstand des einzigen Stadtplans von Leonardo da Vinci hat drei Anziehungspunkte. Erstens eine schöne Altstadt mit einer in der Renaissance ausgebauten Festung. Zweitens eine weltberühmte Rennstrecke, auf der alljährlich Ende April/Anfang Mai der Große Preis von San Marino der Formel 1 gefahren wird. Und drittens ...

Essen und Trinken

Ristorante San Domenico
Das Restaurant war einmal das beste Italiens und ist noch heute eines der wenigen, die vom Gastronomiepapst

Veronelli mit Höchstwertung bedacht werden.
Via Gaspare Sacchi, 1; Tel. 05 42/2 90 00, Fax 3 90 00; So abends und Mo geschl.
★★★★

Madonna di San Luca

■ E 12, S. 113

Schon von weitem und weit vor den Torri Asinelli und Garisenda grüßt die Wallfahrtskirche den Anreisenden von einem Berg im Südosten über Bologna. Eigentlich sollte man sich ihr nur zu Fuß nähern. Von der Porta Saragozza führt über 3,5 km der längste Bogengang der Welt hinauf zu dem spätbarocken Zentralbau. Er birgt ein dem legendären Madonnenbildnis des Evangelisten Lukas nachempfundenes Gemälde, das einer anderen Legende zufolge aus der Hagia Sofia in Istanbul stammt. Auch faulen Pilgern mit fahrbarem Untersatz gegenüber hat die Gottesmutter anscheinend ein Nachsehen. Sie nähern sich über eine fruchtbare Hügellandschaft, die gleich hinter Bolognas Stadtgrenze beginnt.
Via di San Luca, 36; tgl. 7–12.30 und 14.30–18 Uhr

Marzabotto

■ D 13, S. 115

Archäologen verbinden den Namen dieses Dorfes im Tal des Reno mit einer bedeutenden Ausgrabungsstätte der Etrusker, die hier um 600 v. Chr. ansiedelten. Reste der Stadt, der Nekropole und der Akropolis wurden freigelegt. Ausgrabungen sind im **Museo Pompeo Aria** ausgestellt. Für deutsche Besucher aber hat der Name Marzabotto einen beschämenden Klang. Im Herbst 1944 metzelte die 16. Panzergrenadier-Division »Heinrich Himmler« in einem entsetzlichen Blutbad über 700 Dorfbewohner nieder. Unter den Toten waren zahlreiche Kinder, Frauen und ältere Angehörige von Partisanen der Brigade »Stella Rosa«. Marzabotto ist den Italienern seitdem ein Synonym für die Resistenza, den Kampf der Partisanen gegen die Deutschen. Im Zentrum der »Märtyrerstadt« mahnt eine Gedenkstätte zur Erinnerung.
25 km südlich von Bologna

Bologna ist von einer fruchtbaren Hügellandschaft umgeben.

In der schönsten Stadt zwischen Florenz und Venedig seien sie zu Hause, meinen die Ferraresen. Und sonnen sich im Glanz einer Fürstenfamilie, der sie alles verdanken.

Ferrara ■ F 10, S. 113

133 000 Einwohner
Stadtplan → S. 41

In der Emilia Romagna spielt die Stadt eine Außenseiterrolle. Abseits der Via Aemilia gelegen, ist sie nicht einmal antiken Ursprungs. Was aber im Auftrag der Fürsten aus dem Hause Este gebaut wurde, blieb in Ferrara fast unversehrt erhalten. Die einzigartige Blüte der Stadt ist mit ihrer Zeit als Residenz des gleichnamigen Herzogtums (1471–1598) untrennbar verbunden. Der Ruhm der Este lockte Dichter wie Ariost und Goethes tragischen Helden Torquato Tasso an ihren Hof. Das Geschlecht brachte mit Isabella d'Este das Frauenideal der Renaissance hervor und konnte sogar die berüchtigte Papsttochter Lucrezia Borgia bändigen. Vor allem aber investierte der Hof in prächtige Paläste – bis die Einverleibung in den Kirchenstaat die Blüte abrupt erstickte.

Bis heute gibt es keine nennenswerte Industrie, die die Stadt aus ihrem Dornröschenschlaf geweckt hätte. So träumt sie, beschützt von einem dicken Mauerwall, weiter von ihrer Glanzzeit. Feierlich ernst ist seit jeher die Grundstimmung der Stadt, in der der strenge Prediger Savonarola 1452 geboren wurde. Auch die holzschnittartigen Helden der ferraresischen Malerei wirken ernst, vor allem aber Ferraras Architektur. Giorgio de Chirico, Meister der vor-surrealen **pittura metafisica**, beschrieb die Stadt als »einsam und voll von geometrischer Schönheit«. Ohne den Rummel von Florenz oder Venedig lässt sich hier eines der glänzendsten Beispiele der italienischen Renaissance genießen.

Romanisch begonnen, gotisch vollendet: der Dom von Ferrara (→ S. 42).

Hotels/andere Unterkünfte

Carlton ■ a 4
Bei der Ausstattung der geräumigen Zimmer haben die Besitzer Mut zur Farbe bewiesen.
Via Garibaldi, 93; Tel. 05 32/21 11 30, Fax 20 57 66; 60 Zimmer ★★

Europa MM ■ b 4
Ein Hotel alten Stils. Einige Zimmer schmücken Fresken von 1700.
Corso Giovecca, 49; Tel. 05 32/20 54 56, Fax 21 21 20; www.hoteleuropaferrara.com; 40 Zimmer ★★

Isabella d'Este ■ b 3
Das Nonplusultra der ferraresischen Hotellerie wird Freunde schwülstiger Dekorationen begeistern.
Via Palestro, 70; Tel. 05 32/20 21 21, Fax 20 26 38; E-Mail: isabella@relaischateaux.com; 28 Zimmer ★★★★

Ripagrande MMM ■ a 4
Ein schmuckes Foyer lockt in den ehemaligen Palazzo, der entstand, nachdem sich der Po von Ferrara abgewendet hatte und das »Große Ufer« zur Prachtstraße zu werden versprach.
Via Ripagrande, 21/B; Tel. 05 32/76 52 50, Fax 76 43 77; www.ripagrandehotel.it; 40 Zimmer ★★★★

Santo Stefano ■ a 4
Einfach und sauber – nicht mehr und nicht weniger.
Via S. Stefano, 21; Tel. 05 32/20 69 24, Fax 21 02 61; 25 Zimmer ★

Spaziergang

Fußgänger fallen auf in Ferrara und kommen auf den mittelalterlichen, kopfsteingepflasterten Straßen leicht unter die Räder. Machen Sie Ihren **giro** also auch auf der **bicicletta**. Am Corso Giovecca 21, Tel. 05 32/20 20 03, können Sie für ca. 15 € pro Tag ein Fahrrad mieten,

Museumseintritte inbegriffen! Die **Viale Cavour** und der **Corso Giovecca** teilen Ferrara in zwei Hälften. Die südliche ist die »Altstadt«, die nördliche die 1490 begonnene und bis heute nicht vollendete **Addizione Erculanea.** Der **Corso Ercole I d'Este** gibt Auskunft darüber, wie sich der gleichnamige Bauherr die Gestalt der Stadterweiterung vorgestellt hatte. Familienangehörige und Hofschranzen mussten hier ihre Paläste errichten. Und noch heute sind in der ehemaligen Privatavenue der Este keine Geschäfte oder gar Leuchtreklamen erlaubt.

Sicherlich der schönste Bau der Prachtstraße ist der **Palazzo dei Diamanti** des estensischen Hofarchitekten Biagio Rosetti, dessen charakteristische Fassade aus Diamantenquadern bis hin zum Moskauer Kreml Nachahmer gefunden hat. Gegenüber »antwortet« der mit einem herrlichen Renaissanceportal ausgestattete **Palazzo Prosperi-Sacrati**, den Sie beim Einbiegen in den Corso Porta Mare links liegen lassen.

Auf dem Weg nach Osten passieren Sie den **Palazzo Massari** mit seinem – allerdings eher unbedeutenden – Museo d'Arte Moderna und die Piazza Ariostea. Schließlich fahren Sie links in die Via delle Vigne, die am Friedhof der einst großen Judengemeinde endet. Über die Via Montebello gelangen Sie zurück zum Corso Giovecca. Fast an dessen Ende liegt die nur einstöckige **Palazzina di Marfisa d'Este**, das Gartenhaus einer Fürstengattin aus der zweiten Hälfte des 16. Jh., dessen reiche Renaissanceausstattung einen Besuch lohnt. Die Via Ugo Bassi und die Via Savonarola führen Sie durch das Universitätsviertel.

Bei **San Francesco**, einem weiteren Hauptwerk des Renaissancebaumeisters Biagio Rosetti, wenden Sie sich südlich bis zum **Palazzo Paradiso** und hier rechts in die Hauptstraße des **ehemaligen jüdischen Ghettos**, die Via Mazzini. Der eindrucksvolle Komplex aus drei Synagogen kann (nach Voranmeldung, Tel. 05 32/4 70 04) besichtigt werden. Über die belebte Piazza Trento Trieste mit der Südfront des Domes fahren Sie auf das Rathaus zu und durchqueren den von Nicolò und Borso d'Este, zwei Herrschern des 15. Jh., bewachten »Pferdebogen«, den **Volto del Cavallo**. Die in rötlichem Ocker leuchtende, überdachte Freitreppe im Innenhof aus dem 15. Jh. ist ein viel fotografiertes Wahrzeichen Ferraras.

Sehenswertes

Castello Estense ■ a 3–4

Ihrer einst prunkvollen Ausstattung entkleidet, beherbergt die backsteinrote Wasserburg, einst Residenzschloss und Zentrum des Herzogtums Ferrara, heute städtische Behörden. In den zugänglichen Räumen erinnern immerhin üppige Deckenbemalungen an den Lebenswandel der fürstlichen Schlossherren. Besonders amüsant sind die **Sale dei Giochi**, in denen sich stämmige Nackte eher unbeholfen in antiken Wettspielen üben. Besonders erschreckend hingegen sind die **Kerker** im Schlosskeller, in dem unter anderen Parisina Este und ihr gleichaltriger Stiefsohn vergeblich auf die Gnade des Herzogs hofften, den sie gemeinsam gehörnt hatten.

Tgl. außer Mo 9.30–17.30 Uhr

Cimitero della Certosa ■ b 1

Ein ungewöhnlicher Friedhof: Seit Anfang des 18. Jh. lassen sich die Ferrareser nämlich in der Kartause begraben und »bevölkern« die leeren Mönchszellen, deren Gärtlein, den Kreuzgang ... Man gerät hier in eine Stadt der Toten und fühlt sich durchaus etwas seltsam.

Viale della Certosa

Ferrara
a
b
c
1
2
3
4
5
6
Via Riccardo Bacchelli
Porta degli Angeli
Viale Orlando Furioso
Via I. d' Este
Viale XXV Aprile
V. L. d' Este
Via S. Maria degli Angeli
Via Mirasole
Via Leopardi
Via Testi
Contrada del
Via Pavone
Corso Ercole I d'Este
Cimitero della Certosa
San Christoforo
Certosa
Vle. della Certosa
Palazzo Trotti Mosti
Palazzo Guarini-Giordani
Via Arianuova
Via Ariosto
Via Strozzi
Via Guarini
Via Borso
Cimitero Ebraico
Via Gramicia
Pal. Prosperi-Sacrati
Parco Massari
Pal. Massari, Museo d'Arte Moderna
Corso Rossetti
Via delle Vigne
Pal. dei Diamanti, Museo Antonioni Pinacoteca Naz.
Corso Porta Mare
Pal. Turchi di Bagno
Pal. Bevilacqua
Piazza Ariostea
Ariost
Torrione di S. Giovanni
S. Giovanni Battista
Stazione FS, Modena
Via Cosmé Tura
Pal. di G. d'Este
Pal. Rondinelli, Ristorante Duchessa Isabella
Via Palestro
Via Mascheraio
Via Borsari
Via Mortara
Rampari S. Rocco
V. Armari
V. Lollio
Viale Cavour
Chiesa del Gesù
San Domenico
Museo Civico di Storia Nat.
Castello Estense
Via Mentana
Via Mons. Bovelli
Via Fossato di Mortara
Pza. Sacrati
Via Frizzi
Pza. Castello
Teatro Comunale
Santo Spirito
Via Resistenza
Via Montebello
Via Garibaldi
Pza. Savonarola
Corso Giovecca
Via del Gambero
Via Bellaria
V. S. Stefano
Pal. Comunale
Via degli Adelardi
Pza. Trento Trieste
V. de Romei
Santa Chiara
Via Mortara
Via Terranuova
Vic. Mozzo Agucchie
Duomo, Museo del Duomo
San Francesco
Parco Pareschi
Arcispedale S. Anna
V. Ripagrande
Via Boccaleone
San Paolo
V. Vignatagliata
Sinagoghe
Università
Via Zemola
V. Paglia
Via Savonarola
Via Bassi
Corso Giovecca
Porta Paola
Via C. Mayr
Via Volte
Via Scienze
Via Saraceno
Casa Romei
Palazzina di Marfisa d'Este
Rampari S. Rocco
Bologna
Via dei Baluardi
Pal. Paradiso
V. Pergolato
Oratorio dell Annunziata
Via Cisterna del Follo
Palazzo Schifanoia
6
Pompos
V. Bgo. di Sotto
Via Scandiana
Via C. Mayr
V. Pta. S. Pietro
Via Ghisiglieri
Via Borgovado
Santa Maria in Vado
V. Brasavola
Via Ghiara
Via Coperta
Via Formignana
Viale Alfonso I d'Este
Via Caldirolo
Via XX Settembre
Via C. Mayr
Via Beatrice II d'Este
V. Gambone
Sant'Antonio in Polesine
Pal. Costabili, Museo Arch. Naz.
Via Cantarana
Po di Volano
Viale Volano
Via dei Baluardi
Ravenna, Via Adriatica
Viale Alfonso I d'Este
Via Colombarola
0
300 m
© MERIAN-Kartographie

Duomo ■ a 4
Unter Ferraras Gotteshäusern sind manche durchaus groß, aber keines wirklich großartig, selbst der Dom ist eher ein wenig kurios als übermäßig bedeutend.

Nur seine Fassade bildet eine Ausnahme: Wie drei schlanke Reihenhäuser wächst die Front in die Höhe und dokumentiert damit den Wandel von der Romanik zur Gotik im nördlichen Italien. Der untere Teil wurde ab 1135 von einem Meister Nicolò begonnen, der wahrscheinlich am Dom von Modena gelernt hatte. Die massiv gemauerten Wände stehen in deutlichem Gegensatz zu den von zahlreichen Arkaden durchbrochenen oberen »Stockwerken«, in denen der gotische Spitzbogen allmählich die Oberhand gewinnt.
Piazza Cattedrale; tgl. 7.30–12 und 15–18.30 Uhr

Palazzo Paradiso ■ b 5
Wie der Bau zu seinem Namen kam, hat man bis heute nicht klären können. Heute ist im Palazzo jedenfalls die **Uni-Bibliothek** untergebracht. Die größte Aufmerksamkeit verdienen das Anatomische Theater von 1730 und das furiose Grabmal des estensischen Hofdichters Ariost, das 1801 von einem napoleonischen General im Hauptgeschoss aufgestellt wurde.
Via delle Scienze, 17; Tel. 05 32/41 82 00; Mo–Fr 9–19.30, Sa 9–13.30 Uhr

Palazzo Schifanoia ■ c 5
Am südöstlichen Stadtrand liegt diese im 14. Jh. begonnene »delizia«, ein allein dem Vergnügen gewidmetes Stadtschloss, das die Herrscher stundenweise aufsuchen konnten, um »der grauenhaften Langeweile zu entfliehen« (**schifare la noia**).

6 Das Ansinnen war offenbar ansteckend, und so wuchs der Bau über die Jahrhunderte auf eine Seitenlänge von fast 100 m. Heute ist der Palast ziviler Nutzung zugeführt, aber sein Glanzstück, der mit großformatigen Fresken geschmückte **Salone dei Mesi** (Saal der Monate), kann besichtigt werden. Teilen Sie etwa im »April« die Freude des Auftraggebers Borso d'Este am Wettlauf der Dirnen und Esel beim Palio von Ferrara, staunen Sie über die weiß umhüllte Monatsgestalt im »August« und überraschen Sie im »September« Venus und Mars bei der Liebesnacht.
Via Scandiana, 23; Di–So 9–18 Uhr

Piazza Ariostea ■ b 3
Parcours, Radrennbahn, Spielplatz, Versammlungsort, Liebesnest, Arena – das alles ist die einem römischen Circus nachgeahmte Anlage. Die grüne Lunge der **Addizione Erculea** wird von keinem allzu großen Palast in den Schatten gestellt. Im Zentrum der Piazza wacht seit dem 19. Jh. der größte Dichter der Stadt – Ariost – über die Arena, die Ende Mai zum überfüllten Schauplatz des Palio wird. Unter den umgebenden Arkaden treffen sich abends Ferraras Jugendliche in der gleichnamigen Bar.

Sant'Antonio in Polesine ■ b 6
Das Erste, was Ihnen die Nonnen des alten Benediktinerinnenklosters zeigen wollen, ist das Grab einer seligen Beatrice, aus dem jeden Winter angeblich wundertätiges Wasser tropft. Interessanter aber sind die Fresken, mit denen Giottos Nachfolger die Chorkapellen ausgestattet haben. Staunen Sie in der rechten Kapelle über eine seltene Darstellung Christi, der mit einer Leiter selbst auf sein Kreuz steigt.
Via del Gambone; Mo–Sa 9.30–11.30 und 15–17, So 9.30–16 Uhr

Stadtmauer
Machen Sie sich auf eine lange Besichtigungstour gefasst, oder verbinden Sie sie, wie viele Ferrareser, mit Leibesertüchtigung. Die Mauer,

Oben: Die »hochkarätige« Fassade des Palazzo dei Diamanti können Sie am Corso Ercole I d'Este bewundern (→ Spaziergang, S. 40).

Mitte: Bezauberndes Mittel »gegen Langeweile« sind die Fresken im Palazzo Schifanoia (→ S. 42).

Unten: Die Italiener lieben das Leben in der Öffentlichkeit, und so trifft man sich auf der Piazza Cattedrale, dem Domplatz, gern auf einen caffè zum Plausch (→ S. 42).

die Ferrara so vollständig wie sonst nur noch in Lucca umfasst, ist heute vor allem ein Trimmpfad. Hier geht niemand, alle laufen, und der Beste von ihnen hat schon mal den New Yorker Marathon gewonnen.

Museen

Casa Romei ■ b 4–5
Das Haus des reichsten Ferrareser des Quattrocento hat mitsamt seinen prächtigen Innenhöfen, Holzdecken und Wandmalereien ein halbes Jahrtausend nahezu unbeschadet überstanden.
Via Savonarola, 30; Di–So 8.30–19 Uhr

Museo Antonioni ■ a 2–3
Erinnerungen an den bedeutenden Filmemacher Michelangelo Antonioni, der 1912 in Ferrara geboren wurde. In erster Linie ein Regisseur der Gefühle, ging es ihm nicht um romantische Empfindungen, sondern die Reaktionen der Seele auf gesellschaftliche Verhältnisse (»Blow up«, »Zabriskie Point«). In all seinen Filmen behielt Antonioni eine in seiner Heimatstadt geprägte Vorliebe für weite Plätze, auf denen die Zeit stehen geblieben zu sein scheint.
Corso Ercole I d'Este, 17; Di–So 9–13 und 15–18 Uhr

Museo del Duomo ■ a 4
Die Schatzkammer über der Eingangshalle des Domes leidet sichtlich unter den extremen Temperaturschwankungen. Fast physisch schmerzt deshalb der Anblick von Cosme Turas herrlichen Orgeltüren: Besser erhalten würden »Verkündigung« und »Georgs Kampf« zu den Höhepunkten der Ferrareser Malerei gehören. Weniger empfindlich reagieren dagegen die romanischen Marmortafeln mit Monatsdarstellungen aus dem 12. Jh.
Piazza Cattedrale; Di–So 9–13 und 15–18 Uhr

Pinacoteca Nazionale ■ a 2–3
Nur noch bruchstückhaft lässt sich hier studieren, was den Ruhm der Ferrareser Malerei einst ausgemacht hat. Private Anstrengungen, aus dem Kunsthandel Einzelstücke großer Maler wie Cosme Tura oder Dosso Dossi zurückzuholen, können nicht darüber hinwegtäuschen, dass die Meisterwerke längst anderswo zu Hause sind. Dagegen beglückt das Museum mit der Erfahrung, dass auch in Italien mitunter recht durchschnittlich gemalt wurde, wie die herrlich naiven Fresken im Salone d'Onore bezeugen. Die Sammlung ist im **Palazzo dei Diamanti** untergebracht.
Corso Ercole I d'Este, 21;
tgl. außer Mo 9–14, So bis 13 Uhr

Essen und Trinken

Alter Simpel ■ a 4
Wer geglaubt hat, dass Bayern am Nordrand der Alpen aufhört, wird hier eines Besseren belehrt.
Via del Gambero, 4; Tel. 05 32/20 93 53;
So geschl. ★

Giori M ■ a 4
Für die einen ist der schmiedeeiserne Wintergarten am Castello Estense ein Stilbruch, für die anderen die schönste Bar der Stadt.
Piazza Savonarola; Di geschl. ★

Grotta Azzurra M ■ a 4
Dieses besonders bei Einheimischen beliebte Restaurant serviert keine Fische aus Capri, sondern feine Ferrareser Küche.
Piazza Sacrati, 43; Tel. 05 32/20 91 52;
So abends und Mi geschl. ★★ bis ★★★

Il Ristorantino M ■ a 4
Romantisches kleines Lokal in Weiß in lauschiger Gasse südlich des Doms.
Vicolo Mozzo Agucchie, 15;
Tel. 05 32/76 15 17; Di geschl. ★

Ristorante Duchessa Isabella ■ b 3
Das beste Hotel der Stadt hat auch die beste Küche weit und breit. In den erlesen dekorierten Räumen dominieren Rezepte aus Parma.
Via Palestro, 70; Tel. 05 32/20 21 21;
So abend und Mo geschl. ★★★★

Einkaufen

Barlati ■ a 4
Erste Adresse für Ferraras Fortbewegungsmittel Nr. 1, das Fahrrad.
Via degli G. Adelardi, 1–3

Ceramiche Artistiche Ferraresi ■ b 6
Edles Steingut, in alter Sgraffito-Technik, mit traditionellen Motiven bemalt.
Via dei Baluardi, 125

Il Pozzo ■ b 4
Verlockend schöne Antiquitäten.
Via de' Romei, 38

! MERIAN-Tipp

Al Brindisi Eine der schönsten Eintragungen im Guinness-Buch der Rekorde: die älteste Kneipe der Welt. Begonnen hat sie ihren Betrieb 1435 als »Hostaria del Chiuchiolino« (Zum kleinen Schwips), auf der Gästeliste stehen berühmte Namen wie Ariost, Tizian, Torquato Tasso und Kopernikus, der hier seine Promotion im kirchlichen Recht feierte. Dies ist der rechte Ort, um die frischen Weine aus dem nahen Bosco Eliceo zu probieren. Dazu gibt's warme **panini** oder **pasticcio**, eine typisch Ferrareser Blätterteigpastete. Via degli Adelardi, 11; Tel. 05 32/20 91 42; tgl. außer Mo 7.30–21 Uhr ★ ■ a 4

Tomb Stone ■ b 4
Herrenausstatter der feinen englischen Art mit Preisen, die einen ins Schwitzen bringen könnten.
Corso della Giovecca, 57

Am Abend

La Corte M M ■ b 4–5
Stammkneipe der Straßenmusiker beim Buskers Festival im August (→ S. 96).
Via Saraceno, 36; tgl. 17–1 Uhr

Mambo
Latino-Disco mit Fifties-Touch.
A 13, Ausfahrt Ferrara Nord; tgl. 21–3 Uhr

Teatro Communale ■ a 3–4
Gastspiele von November bis Mai in der Rotonda Foschini gegenüber dem Castello Estense.
Corso Martiri della Libertà, 5;
Tel. 05 32/20 26 75

Service

Auskunft

IAT Ferrara
Castello Estense; Tel. 05 32/29 93 03,
Fax 21 22 66; www.ferrarainfo.com

Bahnhof westlich ■ a 3
Piazzale Stazione; Tel. 05 32/77 03 40

Busbahnhof westlich ■ a 4
Via Rampari di S. Paolo; Tel. 05 32/77 13 02

Medizinische Hilfe

Krankenhaus ■ c 4
Corso della Giovecca, 203; Tel. 05 32/29 51 11

Notarzt
Tel 05 32/20 31 31

Farmacia Fides ■ c 4
Durchgehend geöffnete Apotheke.
Corso della Giovecca, 125; Tel. 05 32/20 94 93

Ziele in der Umgebung

Cento ■ E 11, S. 113

29 200 Einwohner

Auf dem Weg des Flusses Reno von Bologna zum Meer liegt die auf eine römische Gründung zurückgehende Kleinstadt Cento. Mit dem Namen der neuen Siedlung haben es sich die Römer damals leicht gemacht. Sie nannten sie einfach nach der Anzahl der Männer, die hierher geschickt wurden, um die Gegend fruchtbar zu machen, nämlich hundert. Zum Herzogtum der Este kam Cento 1501 anlässlich der Hochzeit von Alfonso I. mit Lucrezia Borgia – als Mitgift ihres Vaters, Papst Alexander VI. Zur Sehenswürdigkeit entwickelte es sich, als es wieder zum Kirchenstaat gehörte. Guercino, »der Schielende« (1591–1666), einer der großen Barockmaler Italiens, ist aus Cento gebürtig und hat seiner Heimatstadt zahlreiche Beispiele seiner Kunst hinterlassen. Die schönsten sind in der **Chiesa del Rosario** (Deckenfresko und Privatkapelle des Malers), in der Pfarrkirche von **Pieve di Cento** und in der städtischen Pinakothek zu besichtigen.

Neben der Barockmalerei lockt einmal im Jahr der Karneval nach Cento. Das Städtchen am Reno würde mit seinen großartigen Umzügen selbst den Narren aus Köln und Mainz Respekt abnötigen.
35 km südwestlich von Ferrara

Comacchio ■ C 19, S. 116

21 800 Einwohner

Umgeben von Sümpfen der **Valli di Comacchio** liegt das verträumte Städtchen kaum über dem Meeresspiegel. Nichts mehr erinnert an seine grandiose Vergangenheit im frühen Mittelalter, als die heimische Flotte Siege gegen Venedig oder gar Byzanz erfocht. Heute lebt der Ort vom Fischfang und der Aalzucht, deren Ergebnisse in der **pescheria** frisch vermarktet werden. Hauptattraktion in dem von Kanälen durchzogenen Klein-Venedig sind die backsteinernen Brücken, vor allen die **trepponti**, eine gewagte Konstruktion aus mehreren Rampen, die eine Kanal-Kreuzung überspannen.
45 km südöstlich von Ferrara

Essen und Trinken

Bettolino di Foce M M
Wer die Spezialität von Comacchio, Aalzubereitung in allen Variationen, probieren möchte, fragt nach einem pinkfarbenen Fischerhäuschen, das in prekärer Lage zwischen Sumpf und Meer festgemacht hat. Frischer und besser kann der lange Fisch nicht schmecken!
Via Anita Garibaldi; Tel. 05 32/21 01 61 45; Mo geschl. ★★ bis ★★★

Pomposa ■ C 18, S. 116

Einsam steht die Abtei da und streckt ihren gewaltigen, über 50 m hohen Turm weithin sichtbar aus der weiten Ebene. Ihre sumpfige Umgebung hat sie bis heute vor urbanen Annäherungsversuchen bewahrt. Als die Abtei im 7. Jh. von Benediktinern gegründet wurde, lag sie sogar auf einer Insel im Po-Delta. Seit dem 11. Jh. hat sich die Gestalt der Klosterkirche nicht mehr wesentlich verändert: Die einzigartige, mit arabischer Keramik und verschiedenfarbig gebrannten Ziegeln verzierte Fassade sowie die vollständige Ausmalung des Mittelschiffs im 14. Jh. durch Vitale da Bologna machen die Kirche zu einem der bedeutendsten Kunstdenkmäler der Romagna. Auch für Musikfreunde ist Pomposa ein heiliger Ort. Ein Mönch, Guido aus Arezzo, entwickelte hier die Grundlagen der Notenschrift.
49 km östlich von Ferrara

Drei erstklassige Produkte

stehen für Modena und seine Provinz: Autos aus dem Hause Ferrari, die Stimme von Luciano Pavarotti und der Aceto Balsamico.

Modena

■ C 11, S. 112

175 000 Einwohner
Stadtplan → S. 49

Seinen einst ländlichen Charakter hat Modena im Laufe der Jahrhunderte verloren. Der Wandel begann bereits mit dem Umzug der Este, die kurz vor 1600 ihren Hof aus dem prächtigen Ferrara in die bäuerliche Provinz verlegen mussten. Der zweite Schritt war eine eher sanfte, aber durchgreifende industrielle Revolution. Kaum einer Kommune in Italien geht es wirtschaftlich so gut wie Modena, wo Konfektionsware gestrickt wird, schnelle Autos gebaut und mehr Keramikfliesen hergestellt werden als irgendwo sonst auf der Welt. Dank des Wohlstands herrscht eine fast mondäne Atmosphäre.

Doch bei allem Stolz auf die Prosperität der Provinz und trotz aller Eleganz: Der enge Bezug zur Landwirtschaft ist geblieben. In der Provinz Modena werden Unmengen Kirschen geerntet, wird Lambrusco gekeltert, werden Räder von Parmigiano-Reggiano gereift, und auf warmen Dachböden entsteht das schwarze Gold von Modena, der Aceto Balsamico. An großartigen künstlerischen Monumenten ist die fleißige Stadt dagegen fast arm. Und doch besitzt sie zumindest mit dem Dom ein Schatzhaus der Romanik, an dem kein Kulturreisender guten Gewissens vorbeikommt.

Ein Haus mit Tradition: Carducci ist die älteste Osteria Modenas (→ S. 50).

Hotels/andere Unterkünfte

Canalgrande M M ■ b 4
Nicht am, sondern auf dem (längst zugeschütteten) Kanal steht das mit Fresken geschmückte ehemalige Kloster aus den 16. Jh.
Corso Canalgrande, 6; Tel. 0 59/21 71 60, Fax 22 16 74; www.canalgrandehotel.it; 79 Zimmer ★★★

La Torre ■ b 3
Das kleinste, aber ganz bestimmt nicht das schlechteste Hotel am Platz, im Sommer 2003 wegen Renovierung geschlossen.
Via Cervetta, 5; Tel. 0 59/22 26 15, Fax 21 63 16; 26 Zimmer ★★

Villa Gaidello M M ■ F 4
Ferien auf dem Bauernhof gute 10 km südöstlich von Modena. Dort treibt Signora Bini biologische Landwirtschaft und kocht entsprechend gesund.
Via Gaidello, 18, 41013 Castelfranco Emilia; Tel. 0 59/92 68 06, Fax 92 66 20; http://members.aol.com/gaidello ★★

Spaziergang

Wie in Parma sind auch in Modena zahlreiche Sammlungen in einem Gebäudekomplex zusammengefasst, dessen Besichtigung vielleicht mehr über die Stadt aussagt als ein Spaziergang.

Früher war der **Palazzo dei Musei** ein Armenhaus, heute ist er reich an Kunst. Den ersten Stock besetzt die **Biblioteca Estense**, aus deren dezimiertem Bestand die verschwenderisch illustrierte Bibel des Borso d'Este als Schmuckstück herausragt. Den zweiten Stock teilen sich das **Museo d'Arte Medioevale e Moderna** und das **Museo Archeologico Etnologica**. Beide Sammlungen präsentieren den Großteil ihrer Schätze in herrlich altmodischen Schaukästen, beide unterhalten den Besucher durch eine höchst kurzweilige Abfolge unzusammenhängen der Ausstellungsthemen. Der erste Saal zeigt Stadtporträts verschiedener Epochen, der zweite gerettete Sakralkunst aus verfallenden Kirchen, darunter eine an Raffael erinnernde Madonna von Antonio Begarelli. Es folgen Musikinstrumente, Terrakotten und Spielkarten, eine rührende Sammlung alter wissenschaftlicher Instrumente und schöne Beispiele für die im Schwemmland des Po einst blühende Keramikindustrie. Säle mit Waffen und Webkunst leiten über zu einer Selbstdarstellung: der Geschichte des Museums selbst, dessen »moderne« Stücke, schwülstige Familienbilder etwa, aus der Zeit seiner Gründung stammen. Die nächste Tür führt in den ethnologischen Teil des Museums. Seine Schwerpunkte, Peru und Südamerika sowie Neuguinea, sind Forschern aus Modena zu verdanken. Der größte Saal des zweiten Stocks ist Heimat der archäologischen Sammlungen. Sie konzentrieren sich auf lokale Fundstücke aus dem Paläolithikum über die Etruskerzeit bis zur Epoche des antiken Mutina, das die Römer 183 v. Chr. an der Via Aemilia gegründet hatten.

Der dritte Stock schließlich beheimatet die **Galleria Estense**, eine der großen Pinakotheken Italiens. Gleichwohl handelt es sich nurmehr um einen Bruchteil der einst riesigen Kunstschätze der Este. Die knappe Fürstenkasse bot August dem Starken die Gelegenheit, hundert beste Leinwände seiner Dresdner Galerie zu einem guten Preis einzuverleiben, Napoleons Beutezüge taten später ein Übriges. Dennoch, Bedeutendes ist erhalten geblieben, und kein Besucher Modenas sollte sich die beiden großartigen Porträts entgehen lassen, die Francesco I. Este von zweien der besten Künstler seiner Zeit anfertigen ließ: die Marmorbüste

Berninis und das Bildnis von der Hand des Velazquez.
Largo di Porta S. Agostino, 337;
Mo–Sa 10–12 und 16–19, So und an Feiertagen 10–13 und 16–19 Uhr

Sehenswertes

Duomo ■ b 2–3

Als die Stadt 1099 den Bau der Bischofskirche zu Ehren ihres Patrons St. Geminianus in Auftrag gab, legte sie ihn in die Hand zweier bedeutender Künstler. Inschriften am kalkweißen Dom loben den Architekten Lanfranco als wunderbar, erfindungsreich und berühmt; Steinmetz Wiligelmus wird gar als Größter seiner Zunft gepriesen. Und tatsächlich – ihr Werk rechtfertigt die Lorbeeren. Der Baumeister arbeitete so gut, dass der entstehende Dom einem großen Erdbeben, das 1117 die Emilia erschütterte, als einzige größere Kirche unbeschadet widerstand. Das erklärt wohl auch seinen immensen Einfluss auf die anderen Sakralbauten der Region, die kein anderes Vorbild als ihn hatten. Und der Bildhauer Wiligelmus lieferte mit den Bibelillustra-

tionen von der Erschaffung Adams bis zu Noahs Arche den vielleicht eindrucksvollsten romanischen Reliefzyklus Italiens. 1106 wurde der Chor, 1184 das Langhaus von den jeweils diensthabenden Päpsten geweiht. Vollendet aber wurde der Dom von einer Künstlerfamilie aus Campione am Luganer See, die den Bau über sieben Generationen bis 1322 um architektonische Feinheiten und Bildwerke ergänzte. Zu ihren schönsten Werken gehören die Reliefs auf der Chorbrüstung und der Kanzel.

Die übrigen Sehenswürdigkeiten des Inneren sind bereits Werke der Renaissance. Besonders zwei Terrakottagruppen sollten nicht unbeachtet bleiben: eine Krippe von Antonio Begarelli im rechten Seitenschiff und vor allem die überraschend naturalistische »Madonna della Pappa« (»Maria mit dem Griesbrei«) des Karnevalmaskenbildners Guido Mazzoni.
Corso Duomo; tgl. 6.30–12 und 15.30–19 Uhr

Palazzo Ducale ■ c 2
Als die Este kurz vor 1600 Ferrara an den Kirchenstaat verloren, machten sie Modena zum neuen Stammsitz ihres Fürstentums. Eine Generation später begann Francesco I. den Bau eines neuen Palastes, der das größte Gebäude der Stadt werden sollte. Bis in die Mitte des 19. Jh. wurde der Palast mehrfach umgebaut. Heute ist das Schloss seiner repräsentativen Funktionen beraubt; es dient 1500 Schülern als **Militärakademie**.
Piazza degli Estensi; Tel. 0 59/22 00 22; Besuch nur in Gruppen ab 15 Personen nach vorheriger Genehmigung möglich

Sant'Agostino ■ a 2
Eigentlich ist die Kirche eine zu Stein gewordene, schwülstig barocke Familienfeier derer von Este. Herzöge, Päpste und Kardinäle aus diesem Geschlecht liegen hier begraben. Gegen die eitle Selbstdarstellung behauptet sich ein Kultbild von der Hand Tommaso da Modenas, ein abgelöstes Fresko aus der Mitte des 14. Jh. mit dem ungewöhnlich realistischen Bild der Madonna. Daneben verdient Antonio Begarellis Terrakottagruppe der Beweinung Aufmerksamkeit. Unbeeindruckt von diesen sakralen Schätzen hat die Stadt Modena ihren Besitz Sant'Agostino in einen Vortragssaal umgewandelt.
Via S. Agostino, 6

Torre Ghirlandina ■ b 2
88 m misst der Glockenturm, der mit dem Dom durch zwei gotische Bögen verbunden ist, und natürlich genießt man von oben eine herrliche Aussicht. Viel bedeutsamer für die Modenesen ist jedoch der alte **Holzeimer** im zweiten Stock: Den haben sie nämlich 1325 nach gewonnener Schlacht den ungeliebten Nachbarn aus Bologna abgenommen. Seitdem gilt er als Zeichen der Überlegenheit gegenüber der ewigen Rivalin.
So und an Feiertagen 9.30–12.30 und 15–19 Uhr, Aug. und Ostersonntag geschl.

Essen und Trinken

La Bianca nordöstlich ■ c 1
Der Weg hinaus aus dem Stadtzentrum lohnt sich vor allem wegen der ausgezeichneten Pastagerichte.
Via Spaccini, 24; Tel. 0 59/31 15 24; Sa mittags und So geschl.
★★ bis ★★★

Carducci M M ■ b 3
Carlo Nigris serviert in der ältesten Osteria der Stadt seinen legendären »zampone«.
Via Canalino, 73; Tel. 0 59/22 32 13; Sa mittags, So und im Jan. geschl. ★★

Ermes ■ b 1
Traditionelles und äußerst preiswertes Mittagslokal.
Via Ganaceto, 89; kein Telefon; So und im Aug. geschl. ★

Oben: Kunst im ehemaligen Armenhaus zeigt das Museo d'Arte Mediovale e Moderna (→ Spaziergang, S. 48).

Mitte: Die Piazza dei Martiri in Carpi soll der größte Platz Italiens sein (→ S. 53).

Unten: In der Galleria Ferrari in Maranello bekommen Liebhaber der berühmten Flitzer Stielaugen (→ S. 53).

Fini M ■ a 3
Das Nonplusultra der Modeneser Cuisine, wenn nicht die anspruchsvollste Küche der gesamten Region.
Rua dei Frati Minori, 54; Tel. 0 59/22 33 14; Mo und Di geschl. ★★★★

Einkaufen

Giusti ■ c 2
Feinkosthandlung mit Modeneser Spezialitäten von A wie aceto balsamico bis Z wie zampone.
Via L. C. Farini, 75

Mercato Rionale ■ b 3
Den Einwohnern von Modena wird nachgesagt, dass sie das tägliche Angebot der Viktualien höchst kritisch beurteilen. In dieser Jugendstilhalle kann man sie dabei beobachten.
Piazza XX Septembre

Giorgio Montorsi ■ b 3
Schicke Mode und edle Düfte.
Via Emilia, 87

terra d'arte ■ b 2
Handbemalte Keramik.
Via S. Agata, 7

Am Abend

Teatro Comunale M M
Hier dürfen die Modeneser ihre Mitbürger Luciano Pavarotti und Mirella Freni anbeten.
Via del Teatro, 8; Tel. 0 59/22 54 43

Teatro San Geminiano
Weit bekannte Avantgarde-Bühne.
Via S. Geminiano, 3; Tel. 0 59/21 76 89

Service

Auskunft

IAT Modena ■ b 3
Via Scudari, 12; Tel. 0 59/20 66 60, Fax 20 66 59

Bahnhof nordöstlich ■ c 1
Piazza Dante Alighieri; Tel. 059/22 31 01

Busbahnhof südlich ■ b 4
Piazza Manzoni, 21; Tel. 0 59/30 80 11

Medizinische Hilfe

Ospedale Civile ■ a 2
Piazzale S. Agostino; Tel. 0 59/20 51 11
Erste Hilfe
Tel. 0 59/36 13 71 oder 22 22 08

Ziele in der Umgebung

Canossa ■ A 12, S. 112

Der sprichwörtliche Gang nach Canossa zu den kläglichen Überresten der geschichtsträchtigen Burg, die sich in 578 m Höhe einst über das Berg- und Hügelland erhob, lohnt nur für konditionsstarke Wanderer.

Dennoch steigen Jahr für Jahr etwa 12 000 Pilger zu den Ruinen der Burg hinauf, die zum Nationaldenkmal erklärt wurde. Abzuraten allerdings ist die Nachahmung im Winter und in historisch korrektem Outfit: Barfuß nämlich und im Büßergewand lief Heinrich IV. 1077 seinem Gegenspieler, Papst Gregor VII., entgegen, der ihn mit Kirchenbann belegt und damit seine Krone in Gefahr gebracht hatte. Auf der Burg der Mathilde von Canossa ließ sich der Papst von des Königs Demut überzeugen, und Unterwürfigkeit hatte fortan einen Namen. Kleines Museum.

Hotels/andere Unterkünfte

Casa Matilde
Unweit der Burg hat sich in einem kleinen Park eine der gediegensten Herbergen der Region eingenistet.
Via A. Negri, 11, 42020 Puianello di Quattro Castelli, 50 km westlich von Modena; Tel. und Fax 05 22/88 90 06; 6 Zimmer ★★★★

Carpi

■ C 11, S. 112

60 600 Einwohner

Das von der Strickwarenindustrie lebende Städtchen hat in seinem Zentrum einen Platz, der der größte Italiens sein soll. Ein Provinzfürst mit dem für die Renaissance typischen Gestaltungswillen hat ihn um 1500 anlegen lassen. Die westliche Begrenzung dieser **Piazza dei Martiri** bildet der über 200 m lange **Portico lungo**, unter dessen 52 Arkaden zahlreiche Cafés Schutz suchen. Gegenüber baut sich das backsteinerne **Castello dei Pio** auf. In einem Innenhof erinnert ein Monument an die Deportierten des nahen Konzentrationslagers Fossoli. Fluchtpunkt der Piazza ist der **Dom**, ein Werk von Baldassare Peruzzi. Er baute in Carpi eine maßstabsgerechte Variation für Bramantes Plan der römischen Peterskirche.

3

20 km nördlich von Modena

Maranello

■ C 12, S. 112

15 400 Einwohner

Dass dieser kleine Ort auch eine hübsche Burg hat, wen interessiert das schon? Das erdige Rot des Backsteins verblasst gegenüber der strahlend metallischen Idealfarbe aller Ferraris, die hier produziert werden. Atemlose Bewunderung herrscht in dem schönen Museum der Firma, in dem die ebenso schönen Autos und zahlreiche Memorabilien an die Triumphe des Hauses Ferrari ausgestellt werden. Zeigen Sie Respekt vor dem bemerkenswert schlichten Büro des Firmengründers. Und stehen Sie zu Ihrer neu gewonnenen Einschätzung, dass die Karosserien der roten Flitzer eigentlich fast Skulpturen sind. Heißt das Ausstellungsgebäude deshalb »Galleria«?

10

Galleria Ferrari

Via Dino Ferrari, 43; Di–So 9.30–12.30 und 15–18 Uhr; 16 km südlich von Modena

Nonantola

■ D 11, S. 113

Hast du was, dann bist du was. Diese eigentlich recht weltliche Weisheit galt im frühen Mittelalter durchaus auch für Klöster. Die Benediktinerabtei von Nonantola besaß Reliquien. Vor allem das Grab des Kirchenpatrons Silvestris sorgte rasch für Einfluss und Vermögen. Die Äbte von Nonantola verhandelten für das Heilige Römische Reich Deutscher Nation in Konstantinopel, mehrere Kaiser bedankten sich mit Schenkungen und stellten die Abtei unter ihren persönlichen Schutz. Die Mönche korrespondierten mit ihren Kollegen in St. Gallen oder auf der Reichenau, und es war der Himmel auf Erden. Die heutige Abteikirche, nach dem Erdbeben von 1117 erbaut, vermittelt allerdings nur einen schwachen Abglanz dieser Herrlichkeit. Sehenswert sind die Steinmetzarbeiten aus

! MERIAN-Tipp

Azienda Agricola di Giovanni Leonardi Man sollte die Provinz Modena nicht verlassen, ohne sich über die Herstellung des Aceto Balsamico zu informieren. Auf diesem Hof wird er in beispielhafter Ursprünglichkeit produziert. Mit gebührender Feierlichkeit wird Sie Giovanni Leonardi durch seine Speicher führen und von seinen edlen Tropfen zu probieren geben, die er in jahrzehntelanger Arbeit zu höchster Reife geführt hat. Dass Sie ihm anschließend kein (teures) Fläschchen abkaufen, ist eher unwahrscheinlich. Via Mazzacavallo, Magreta; Tel. 0 59/55 43 75 (bitte telefonisch anmelden!) ■ C 12, S. 112

der Werkstatt des Wiligelmus am Portal, die vielsäulige Krypta und der Klosterschatz.
10 km nordwestlich von Modena

Reggio nell'Emilia

■ B 11, S. 112

139 000 Einwohner

Nur einmal wurde in der Stadt auf der Via Aemilia Wegweisendes geleistet: Als sich Reggio 1797 zur unabhängigen Republik erklärte, wurde zu diesem Anlass eine grün-weiß-rote Flagge gehisst, die später zur italienischen **Tricolore** wurde. Das Original im **Palazzo Comunale** an der Piazza Prampolini ist Gegenstand grenzenloser Ehrfurcht bei italienischen Besuchern.

Ein Abstecher nach Reggio könnte bei Zeitmangel den Dom am selben Platz, nicht aber die angrenzende Taufkapelle aussparen. Und noch der eiligste Tourist sollte von der Piazza San Prospero hinter dem Dom die Rückfront desselben bestaunen, sodann die sechs Löwen vor San Prospero und die unfassbar feinen Intarsien im Chorgestühl der Kirche.
20 km nordwestlich von Modena

Vignola

■ D 12, S. 113

Historiker führen den Namen zurück auf das römische Wort für »kleiner Weinberg«. Heute aber ist es eher ein großer Kirschgarten, der Vignola umgibt. Die Festung soll ursprünglich von einem Abt aus Nonantola gegründet worden sein – ein Turm heißt noch immer **Nonantolana**. Ihre heutige Gestalt aber verdankt die Burg einer Ferrareser Familie namens Contrari sowie deren Nachfolger in der Stadtherrschaft, Jacopo Boncompagni, einem leiblichen Sohn Papst Gregor VIII. Gegenüber der Festung steht der gleichfalls von den Contrari errichtete **Palazzo Boncompagni**, ein Werk Jacopo Barozzis. Der mit dem Namen seines Geburtsorts Vignola in die Kunstgeschichte eingegangene Architekt (1507–1573) hat mit seinem Entwurf für die Jesuitenkirche in Rom den Barock eingeläutet. Sein Geburtshaus ist zu besichtigen.

Erwartungsgemäß steil und unwegsam: der »Gang nach Canossa« (→ S. 52).

Schon beim Namen der Stadt

läuft einem das Wasser im Mund zusammen. Aber neben kulinarischen ist Parma auch reich an künstlerischen Schätzen.

Parma

■ F 4, S. 109

167 000 Einwohner
Stadtplan → S. 57

Über Frankfurt und Wien, Krakau und Lyon wird in Parma nur milde gelächelt: Die haben fette oder zumindest ordinäre Würste hervorgebracht, sie aber einen Schinken, der einzigartig ist in der Welt. Ganz zu schweigen von dem Käse, der Legionen von Pastagerichten adelt.

Bei genauerer Betrachtung wird man allerdings feststellen, dass die Bewohner Parmas damit den Mund ganz schön voll nehmen. Denn innerhalb der Stadtgrenzen werden allenfalls die Nudeln hergestellt, die einst Steffi Graf so gut schmeckten! Der berühmte Schinken aber kommt vor allem aus Langhirano, wo er zum Trocknen in die von der Riviera herüberwehenden Winde gehängt wird. Und auch der Parmesan entsteht keineswegs in der Stadt, sondern draußen in der weiten Ebene des Po, und nicht einmal nur in der Provinz Parma. Ursprünglich stammt er gar aus Reggio ...

So wie Ferrara Residenz der Este war, so gehörte Parma dem Geschlecht der **Farnese**. Die waren zunächst von niederem Adel, bis aus ihren Reihen ein Papst gewählt wurde. Paul III. erhob sein Geschlecht flugs in den Herzogsstand und gab ihm Parma als Residenz. Von 1545

Nichts ist schöner, als in einer lauen Nacht draußen zu essen: Corrieri.

bis 1731 herrschten die Farnese in der Stadt, dann starben sie aus und die Bourbonen erbten das Herzogtum. Mit der Regentschaft der Napoleon-Gattin Marie Louise geriet die Stadt sichtbar unter Pariser Einfluss, und man darf vermuten, dass das »Parma-Gelb« der Fassaden ein Mitbringsel französischer Künstler aus Versailles war.

Kunstinteressierte werden mit Parma vor allem zwei Namen verbinden: Benedetto Antelami hinterließ im **Dom** und dem von ihm selbst entworfenen **Baptisterium** Meisterwerke der romanischen Bildhauerei. Antonio Allegri Correggio, der in Parma von 1520 bis 1536 seine letzten 16 Lebensjahre verbrachte, gilt als eine der eigenständigsten Figuren der italienischen Renaissance-Malerei. Der im nahen Roncole geborene Giuseppe Verdi hatte in Herzogin Marie Louise eine glühende Verehrerin. Und der ebenfalls aus Parma stammende Regisseur Bernardo Bertolucci hat in seinem Werk – vor allem im Film »1900« – die Landschaft seiner Heimat verewigt. Eine Spurensuche lohnt sich also. Zur legendären »Kartause von Parma« allerdings wäre sie ganz und gar sinnlos. Die entstammt nämlich der romantischen Fantasie Stendhals.

Hotels/andere Unterkünfte

Croce di Malta ■ c 3
Zentral gelegene Herberge mit Etagenbad über einem beliebten Restaurant.
Borgo Palmia, 8; Tel. 05 21/23 56 43, kein Fax; 14 Zimmer ★

Stendhal ■ c 1–2
Schön ist das Hotel nicht unbedingt, aber die Lage am Palazzo Pilotta und der makellose Service bestechen.
Piazzale Bodoni, 3; Tel. 05 21/20 80 57, Fax 28 56 55; 60 Zimmer ★★★

Torino ■ c 2
Mit viel Plüsch und Blümchenmuster ausgestattete Zimmer. Zentrale Lage.
Borgo A. Mazza, 7; Tel. 05 21/28 10 46, Fax 23 07 25; www.hotel-torino.it; 33 Zimmer ★★

Spaziergang

Im **Palazzo della Pilotta**, dem niemals wirklich fertig gestellten, im Zweiten Weltkrieg zerstörten und schnörkellos wieder aufgebauten riesigen Stadtpalast der Farnese, sind Kunst und Geschichte Parmas in großartigen Sammlungen zusammengefasst. Die wuchtige Treppe führt zunächst in das **Museo Archeologico Nazionale**. Dessen beste Stücke, gut gearbeitete Bronzen und Marmorstatuen, stammen aus **Velleia**, einer römischen Siedlung in den Bergen oberhalb von Piacenza. Im zweiten Stock gelangt man in das herrliche **Teatro Farnese**, 1618 errichtet. 5 Bahnbrechende Neuerungen wie die Hufeisenform der Tribüne, Orchestergraben und die technischen Voraussetzungen für Szenenwechsel wurden hier realisiert. Links davon erstreckt sich die **Biblioteca Palatina** mit wertvollen Handschriften und dem **Museo Bodoniano**, das den Verleger und Schriftenerfinder Giambattista Bodoni feiert. Gegenüber liegt die **Galleria Nazionale**, die auf den Gemäldesammlungen der Farnese basiert – der Rundgang endet mit Ansichten Parmas vom 16. bis ins 19. Jh., darunter ein Stich Matthäus Merians von 1640. Bei diesem Spaziergang muss man sich ziemlich sputen, denn die Pforten des Palazzo Pilotta halten nur knappe fünf Stunden geöffnet (tgl. 9–13.45 Uhr).

Sehenswertes

Battistero ■ c 2
So stolz war der Baumeister auf sein Werk, dass er – höchst ungewöhnlich

für seine Zeit – seinen Namen und das Datum des Baubeginns über dem Marienportal einmeißelte: Antelami 1196. Sein grundlegender Gedanke zu dieser Taufkapelle lag dem Weltbild seiner Epoche zugrunde: Weil sich die Menschen im Mittelalter die Erde als Quadrat, den Himmel aber als Kreis vorstellten, wählte Baumeister Antelami ein Achteck als Grundriss. Damit nicht genug der Symbolik. Die drei Portale weisen auf die himmlische Dreifaltigkeit. Und himmlisch erscheint das Baptisterium spätestens wieder nach seiner jüngsten Restaurierung. In dem unwirklichen Rosa des Veroneser Marmors schimmert es über den Dom-

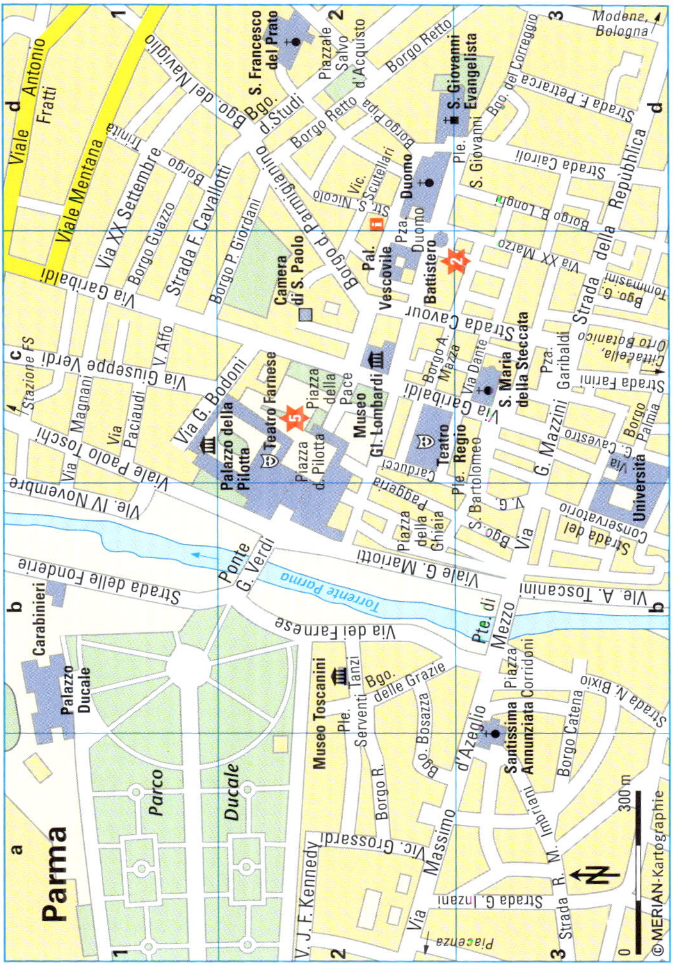

platz, kostbar verziert mit Tierfries und Skulpturenschmuck.
Piazza Duomo; tgl. 9–12.30 und 15–18.30 Uhr

Camera di San Paolo ■ c 2
Dass es sich hier um das Privatgemach der Oberin eines Nonnenklosters handelt, würde wohl niemand vermuten. Ein weinumrankter Baldachin, arglos vergnügte Putti und rätselhafte, aber auf jeden Fall völlig unheilige Allegorien verteilen sich über Wände und Gewölbe. Mitten in diesem lauschigen Liebesgarten erscheint die Äbtissin selbst, aber keineswegs im Gewand ihres Ordens, sondern als Jagdgöttin Diana. Giovanna di Piacenza, humanistisch gesinnte Tochter eines reichen Geschlechts, hatte mit der fürstlichen Hofhaltung in ihrem Kloster den Papst lange genug geärgert. Mit Correggios provokanten Fresken in ihrem Privatgemach aber waren die Grenzen überschritten. Der Nachfolger Petri sorgte wieder für Ordnung im Konvent und ließ die Camera verriegeln. Erst 250 Jahre später wurden die Privatgemächer von einem durchreisenden deutschen Maler wieder entdeckt und gelten seitdem als Preziose unter Parmas Sehenswürdigkeiten.
Strada Melloni; tgl. 8.30–13.45 Uhr

Duomo ■ d 2
Die Chance, einen Gottesdienst im Langhaus der romanischen Basilika zu erleben, ist gering: Wie in den meisten großen Kirchen Italiens reicht die Krypta für die Versammlungen der Gemeinde aus. Hier kann man Reststücke eines römischen Mosaikfußbodens bewundern. Doch weit lohnender ist der Blick in die **Kuppel** des Doms, in der Correggio Maria gen Himmel fahren lässt. Seine ungestüme Auffassung dieses Themas kostete den Maler den Auftrag, den ganzen Dom mit Fresken auszumalen. Einzig Tizian war begeistert: »Und wenn man die Kuppel mit Gold auffüllen könnte, wäre es noch nicht genug, um das Werk zu würdigen.«
Piazza Duomo; tgl. 9–12.30 und 15–19 Uhr

Parco Ducale ■ a 1–b 2
Jenseits des **Torrente Parma,** über den **Ponte Verdi** zu erreichen, erstreckt sich der fürstliche Garten. Er wurde Ende des 16. Jh. von Ottavio Farnese angelegt, um die neue Residenzstadt standesgemäß auszustatten. Im Gartenpalais sind mittlerweile die Carabinieri einquartiert, die man – evtl. gegen ein kleines Trinkgeld – um Besichtigung der Fresken bitten sollte. Besonders im **Saal des Kusses** und im **Saal der Liebe** lässt sich nämlich studieren, was im Frühbarock die Gemüter erregte.
Okt.–April 7–20, Mai–Sept. 6–24 Uhr

San Giovanni Evangelista ■ d 2–3
Im uralten Konvent mit seinen vier (!) **Kreuzgängen** aus dem 16. Jh. leben noch heute 20 Benediktiner, die sich wie ehedem der Krankenpflege widmen und in der schönen historischen Apotheke Heilkräuter, Tees und Salben verkaufen. Der Ruhm der Klosterkirche sind die gleich nach ihrer Fertigstellung 1520 bis 1524 angebrachten Werke Correggios, allen voran das **Kuppelfresko**. Christus fährt darin vom Himmel herab, um seinen Lieblingsjünger Johannes zur Verkündigung des Evangeliums zu ermahnen.
Piazzale San Giovanni; tgl. 6.30–12 und 15.30–20 Uhr; Kloster: 9–12 und 15–17 Uhr

Santa Maria della Steccata ■ c 3
Der Zentralbau aus der Hochrenaissance ersetzte ein Oratorium, das von einem Lattenzaun (**steccata**) umgeben war. Von 1533 bis 1539 malte Parmigianino das Gewölbe mit allegorischen Fresken aus, bei denen es sich wohl um törichte und kluge Jungfrauen handelt, genau geklärt sind die Motive jedoch nicht.
Via Dante; tgl. 9–12 und 15–18 Uhr

Oben: Geschäftiges Treiben, aber ohne Hektik, bestimmt den Alltag auf Parmas Strada della Repùbblica.

Mitte: Aufwendiges Dekor und technische Innovationen sind im Teatro Farnese zu bestaunen (→ Spaziergang, S. 56).

Unten: Blick auf die liebliche Landschaft bei Castell'Arquato, westlich von Parma (→ S. 63).

Extra: Sport und Strände

Das muss man der Emilia Romagna schon lassen: Sie hat die feinsten und weitläufigsten Strände des Mittelmeers. Trotzdem ist das Image nicht besonders. Algenpest und die Angst vorm hässlichen Deutschen gehören zu den notorischen Vorurteilen der Adria-Ignoranten. Doch auf einmal gibt es wieder einen Grund, nach Riccione oder Rimini, Cesenatico oder Milano Marittima zu fahren: die Italiener. Sie haben sich in den letzten Jahren ihre Strände zurück erobert, legen sich tagsüber in die Sonne, tanzen die Nächte durch und feiern **estate**, den Sommer. Zu den adriatischen Vergnügungen gehört neben Schwimmen und Surfen auch das Segeln. Die Küste bietet nicht weniger als 13 touristische Häfen mit rund 3500 Liegeplätzen.

Rad fahren im Landesinnern und Schwimmen an der Adria sind die führenden Freizeitaktivitäten in der Emilia Romagna. Aber auch Skifahren ist angesagt.

Landeinwärts haben die anglophilen und amerikafreundlichen Romagnoli und Emiliani ihre Leidenschaft für Ballsportarten wie Baseball, Rugby und Football entdeckt. Fußball spielt da eher eine Nebenrolle. Allerdings ist in Parma der reichste Club des Landes zu Hause. Der liebste Sportler der Region ist jedoch ein Deutscher: Michael Schumacher.

Rad fahren

Die Emilia Romagna ist ein Paradies des Radsports. Neben Autos und Fußgängern ist das Zweirad ein durchaus ebenbürtiges Verkehrsmittel. Die Städte wimmeln von Radfahrern. Auf dem flachen Land ist man bis ins hohe Alter auf dem Sattel unterwegs. Und es gibt keine Bergstraße den Apennin hinauf, die nicht von einer Horde verbissener **bicicletti** bekämpft würde. Man tritt also mit der Volksseele, wenn man Teile der Region per Fahrrad erkunden will. Das Fremdenverkehrsamt APT der Emilia Romagna gibt einen nützlichen Führer *Rad-Touren* heraus, der auf Anfrage auch verschickt wird (Adresse → Auskunft S. 93).

Fango und Inhalationen

Eine stattliche Zahl von Kurorten und Thermalbädern zieht eine gesunde Linie parallel und südlich zur Via Aemilia. Die bekannteste Therme mit Sole-Brom-Jodquellen ist **Salsomaggiore** in der Provinz Parma, einer landschaftlich reizvollen und klimatisch angenehmen Gegend. Auskunft:

Terme di Salsomaggiore ■ E 4, S. 109
Via Roma, 9, 43039 Salsomaggiore Terme; Tel. 05 24/57 82 01

Golf

In der Emilia Romagna gibt es derzeit 16 Plätze. Die schönsten drei sind:

La Rocca Golf Club
Via Campi, 8, 43038 Sala Baganza (Parma); Tel. 05 21/83 40 37, Fax 83 45 57

Modena Golf & Country Club
Via Castelnuovo Rangone, 4, 41050 Colombaro di Formigine; Tel. 0 59/55 34 82, Fax 55 36 96

Golf Club Bologna
Via Sabattini, 69, 40050 Monte S. Pietro;
Tel. 0 51/96 91 00, Fax 6 72 00 17

Allgemeine Auskünfte:
Emilia Romagna Golf
Via del Cestello, 40124 Bologna;
Tel. und Fax 051/26 62 77;
www.emiliaromagnagolf.com

Reiten

Häufig haben Bauernhöfe, die **Agriturismo** betreiben, auch ein paar Pferde. In den Sattel kann man aber auch auf einer der vielen Reitbahnen steigen, die es überall in der Region gibt. Auskünfte erteilen die örtlichen Fremdenverkehrsämter. Eine besondere Attraktion ist die Zucht weißer Camargue-Pferde am Meer nördlich von Comacchio.

Centro di equitazione und Villaggio turistico Hotel Club Spiaggia Romea ■ C 19, S. 116
Via dell'Oasi, 2, 44020 Lido delle Nazioni;
Tel. 05 33/35 53 66, Fax 35 51 13

Strände

Das Produkt Strandurlaub wird wohl kaum irgendwo so professionell vertrieben wie an der Adria. Auf einem insgesamt 120 km langen (und durchschnittlich 150 m breiten) Streifen feinsten Sandes verteilt sich im Sommer eine fast geschlossene Formation hübsch bunter Liegestühle. Im seichten warmen Wasser können Eltern ihre Kinder sorgenlos allein lassen und sich derweil bräunen, Korbball spielen oder Espressi trinken. Die elegantesten Strandbäder finden sich in **Milano Marittima**, die landschaftlich schönsten (Pinienwälder als Hintergrund) an den **Lidi di Ravenna** und die bestausgestatteten in **Cesenatico**.

Wandern

Die unberührte Natur des Apennin mit Wäldern, Seen und Einsamkeit ist ein Paradies für Menschen, die sich gern auf Schusters Rappen bewegen. Viele Wanderwege sind gekennzeichnet, Hütten zur Übernachtung stehen in den Sommermonaten zur Verfügung. Ein erster Anlaufpunkt für diesbezügliche Informationen ist der **Club Alpino Italiano** (CAI) in Bologna, Tel. 0 51/23 48 56, Öffnungszeiten Mi–Fr 16–19 Uhr.

Auch in der Emilia Romagna ist das Fieber nach dem kleinen weißen Ball ausgebrochen.

Museen

Museo Glauco Lombardi ■ c 2
Erinnerungen an die französische Ära und vor allem an die fast schon zum Mythos verklärte Marie Louise von Österreich, die nach der Verbannung ihres Gatten Napoleon mit dem Herzogtum von Parma, Piacenza und Guastalla getröstet wurde.
Via Garibaldi, 15; Di–Sa 9.30–15.30, So 9–18.30, Sa im Juli und Aug. 9–13.30 Uhr

Museo Toscanini ■ b 2
Auch Parma ist eine Stadt der Musiker: Paganini war Intendant des höfischen Orchesters, Verdi sein Nachfolger, und Arturo Toscanini wurde 1867 hier geboren. Sein Geburtshaus ist unlängst in ein kleines Museum umgewandelt worden.
Borgo Rodolfo Tanzi; Di–Sa 9–13 und 14–18 Uhr

Essen und Trinken

Angiol d'Or M M ■ d 2
Auf der Terrasse zur Piazza Duomo an einem Sommerabend Parmaschinken knabbern und dabei in die Betrachtung des angestrahlten Baptisteriums versinken – ein Genuss!
Vicolo Scutellari, 1; Tel. 05 21/28 26 32; So. geschl. ★★★

Corrieri M ■ b 3
Traditionelle Küche wird hier in mehreren Gasträumen serviert.
Strada del Conservatorio, 1; Tel. 05 21/23 44 26; So geschl. ★ bis ★★

La Greppia M ■ c 2
Hier leuchten drei Sterne: einer im Service von **padrone** Maurizio Rossi, einer in der Küche seiner Frau Paola – und über allem einer von Michelin.
Strada Garibaldi, 39; Tel. 05 21/23 36 86; Mo und Di geschl. ★★★★

Del Tribunale südlich ■ c 3
Im Stammlokal der Juristen kommen sich Anwälte und Richter bei parmaischen Wurstspezialitäten näher.
Vicolo Politi, 5; Tel. 05 21/28 55 27; Sa mittags und So geschl. ★★

Einkaufen

Franco Maria Ricci ■ c 1
Niemand in Italien macht aufwendigere Bücher als der Verleger aus Parma, und dies ist seine Schatzkammer.
Via Affo, 1

Kammi ■ b 3
Schöne Schuhe zu vernünftigen Preisen.
Piazza F. Corridoni, 17/a

Mercato ■ c 2
Vor allem Kleidung wird hier auf der Piazza della Pilotta verkauft.
Mi und Sa 9–13 Uhr

Oliva ■ c 2
Seit der Eröffnung 1892 hat sich hier nichts verändert: Stiche statt Postkarten für die Andenkensucher.
Strada al Duomo, 1/d

Richetti ■ c 3
Parmas feinster Herrenausstatter.
Via G. Mazzini, 1

Salumeria Bixio ■ b 3
Lokale Spezialitäten vom Feinsten.
Strada Nino Bixio, 20/a

Am Abend

DaDaumPa südöstlich ■ d 3
Lautmalerei für den Disco-Beat, der hier gespielt wird.
Via M. Emilio Lepido, 48

Teatro Regio M M ■ c 2
Pavarotti singt hier nicht mehr. Er wurde verhöhnt von einem Publikum, das seit den Tagen Verdis und Toscaninis als das verwöhnteste und anspruchsvollste Italiens gilt.
Via Garibaldi; Tel. 05 21/21 89 10

Service

Auskunft

Comune di Parma ■ cd 2
Via Melloni, 1/a;
Tel. 05 21/21 88 89, Fax 23 47 35;
http://turismo.comune.parma.it/turismo

Bahnhof nördlich ■ c 1
Piazzale Carlo Alberto Dalla Chiesa;
Tel. 05 21/77 11 18

Busbahnhof
Piazzale Carlo Alberto Dalla Chiesa;
Tel. 05 21/27 32 51

Medizinische Hilfe

Ospedale Maggiore westlich ■ a 2
Via A. Gramsci, 14
Notarzt Tel. 05 21/28 58 30

Taxi Tel. 05 21/20 69 29

Ziele in der Umgebung

Bobbio ■ B 4, S. 108

3900 Einwohner

Nach langer, abwechslungsreicher Fahrt entlang dem Lauf der Trebbia erreicht man den historischen Ort Bobbio. Hier, im äußersten Südwesten der Emilia Romagna, im Grenzgebiet zu Ligurien, dem Piemont und der Lombardei, gründete der irische Missionar Columban im 7. Jh. am Ufer des Flusses die erste Abtei Oberitaliens.

Das heutige Erscheinungsbild der Stadt lässt die frühere Bedeutung des **Klosters** nurmehr erahnen. Sehenswert ist jedoch das angegliederte – leider nur unregelmäßig geöffnete – Museum. Und in der Krypta der Klosterkirche finden sich Gräber und Altarschranken aus der Ära der langobardischen Herrschaft. Zu beachten ist außerdem die uralte Steinbrücke, die teilweise noch aus der Römerzeit stammen soll.
75 km westlich von Parma

Brescello ■ A 10, S. 112

Den Charakter geradezu exemplarischer italienischer Durchschnittlichkeit dieses Ortes nutzte der Schriftsteller Giovanni Guareschi als Aktionsraum seiner weltberühmten Nachkriegshelden: des Kirchenmannes Don Camillo und seines kommunistischen Widersachers Peppone. Erinnerungen an die Figuren zeigt das **Museo di Peppone e Don Camillo**, Piazza Mingori (Mo–Fr 10–12 und 15–18.30, So und feiertags 9.30–12.30 und 14.30–19.30 Uhr; Führungen: Tel. 05 22/96 21 58)

Castell'Arquato ■ D 3, S. 109

Das quadratische Kastell aus der Zeit der Langobarden ist längst verschwunden. Aber der Platz an der obersten Stelle des Städtchens ist noch da: Piazza Matteotti heißt er heute. Von seiner Ostseite schaut die Nachfolgerin der viereckigen Festung, die **Rocca Viscontea**, ins Tal. An der Westseite des Platzes erhebt sich der **Palazzo Pretorio**, und von Süden drängt die wunderschöne romanische Chorpartie der **Chiesa della Collegiata** (12. Jh.) heran.
40 km westlich von Parma

Chiaravalle della Colomba ■ D 3, S. 109

Im Jahre 1135 kamen Zisterziensermönche aus Clairvaux in diese Gegend, um eine ihrer ersten Abteien in Italien zu gründen. Als sie das Baugelände gerodet hatten, soll eine weiße Taube (**colomba**) gelandet sein und ihnen mit einem Stöckchen den Grundriss des Klosters in den Boden gezeichnet haben. Gemäß den Ordensregeln entstand ein schlicht erhabener Backsteinkomplex.
30 km nordwestlich von Parma

Colorno

■ F 3, S. 109

7900 Einwohner

Das Städtchen am Flüsschen Parma wirkt wie Staffage zu der respektablen barocken Schlossanlage des **Palazzo Ducale**, die sich in seinem trägen Lauf spiegelt. Errichtet wurde sie im 17. Jh. von den Farnese. Aber erst seit Statthalterin Marie Louise nach ihrem Abschied von Paris hier ihre Sommer verbrachte, trägt der imposante Vierflügelbau den Ehrentitel »Kleines Versailles« (→ Bild S. 9). Dass der Erschaffer der Fassade, Ferdinando Bibiena, aus einer Familie von Theaterarchitekten stammt, überrascht nicht. Ähnlich »dramatisch« wirkt die endlose Flucht der Räume.

Führungen Di–Fr 11–15, im Sommer 11–16 Uhr, So und feiertags 10, 11, 15, 16 und 17 Uhr; 15 km nördlich von Parma

Piacenza

■ C 2, S. 108

99 000 Einwohner

Die Palazzi, die das Erscheinungsbild der Stadt bestimmen, entstanden größtenteils im 14. und 15. Jh., zu einer Zeit, da hier die Visconti aus Mailand regierten. Von den Römern gegründet, entwickelte Piacenza als Handelszentrum Wohlstand – und Selbstbewusstsein. Als Farnese-Papst Paul III. ihnen 1545 seinen Sohn Pier Luigi als Herzog und neuen Regenten präsentierte, warfen sie diesen erbost aus dem Fenster. Und doch wachen zwei Farnesefürsten über das Zentrum der Stadt: Alessandro und sein Sohn Ranuccio »reiten« hoch zu Pferde über die **Piazza Cavalli.** Den Verlust des größten Kunstwerks der Stadt konnten sie nicht verhindern. Der Konvent von San Sisto verkaufte »ein unfruchtbares Kapital« aus seinem Besitz 1754 an August den Starken nach Dresden – Raffaels »Sixtinische Madonna«. Geblieben ist der beinahe preußisch ernsten Grenzstadt zur Lombardei der wuchtige **Dom** aus dem 12. Jh. mit einer eindrucksvollen romanischen Krypta und das interessante **Stadtmuseum** im **Palazzo Farnese.**

55 km nordwestlich von Parma

Salsomaggiore Terme

■ E 4, S. 109

Als Kurgäste wie Gabriele D'Annunzio und Enrico Caruso die Thermalstation (→ Fango und Inhalationen, → S. 60) »trendy« machten, entstanden hier Wunderwerke des Stils, den die Italiener »Liberty« nennen. Vor allem an der **Terme Berzieri** scheint dem Architekten die Dekorationslust durchgegangen zu sein.

32 km westlich von Parma

Torrechiara

■ F 4, S. 109

Die vielleicht schönste »Rocca« der Emilia wurde auf einem der ersten Hügel errichtet, mit denen die Landschaft südlich von Parma allmählich zum Apennin ansteigt. Bereits von weitem ist deshalb die vieltürmige backsteinrote Anlage zu sehen, die um 1460 von dem Ritter Pier Maria Rossi als Liebesnest angelegt wurde. In der **Camera d'Oro** ließ er seine Angebetete verewigen. Vergoldete Kacheln und die liebestrunkenen Deckenfresken machen sie zur Schatzkammer in der fast leer geräumten Rocca.

Ein paar Kilometer weiter liegt **Langhirano**, Heimat des Parma-Schinkens. Schon der Umkreis des Ortes ist erfüllt vom Duft der Schweinebacken, die auf winddurchlässigen Speichern in der salzhaltigen Luft ihren Geschmack annehmen. Einige Produktionsstätten können besichtigt werden (Auskunft über den Consorzio del Prosciutto di Parma, Via Marco dell'Arpa, 8 b, 43100 Parma; Tel. 05 21/24 39 87).

20 km südlich von Parma

Hier feierte die Antike ihr Finale,

und der Abglanz dieser Epoche strahlt in Millionen bunter Steinchen von den Wänden und Kuppeln der uralten Kirchen.

Ravenna

■ C 20, S. 116

137 000 Einwohner
Stadtplan → S. 69

Die Liste der Schöngeister, die in Ravenna Station machten oder lebten, reicht von Dante über Lord Byron und Gustav Klimt bis zu Cole Porter. Aber nicht einmal Dante hat sein Exil mit Namen genannt. Nur einmal spricht er vom Funkeln der Mosaike, die schon zu seiner Zeit eine betörende Ausstrahlung gehabt haben müssen. Noch heutige Besucher überrascht eine ungewohnte Dekorationsfreude, die in ihrem Glanz und ihrer flächendeckenden Farbigkeit geradezu orientalisch anmutet.

Alle Mosaike entstanden binnen zwei Jahrhunderten. Im Jahr 402 flüchtete Kaiser Honorius nach Ravenna, das er bereits sieben Jahre zuvor zur Hauptstadt des Weströmischen Reiches gemacht hatte. Aber erst mit den Bauten seiner Schwester Galla Placidia (425–450) begann die Blüte des musivischen Handwerks. Einen zweiten Frühling erlebte es unter dem Ostgoten Theoderich, der 493 als neuer König in Ravenna einzog. Er und sein Volk glaubten an die arianische Lehre, nach der Christi Existenz mit seiner Geburt beginne und nicht ewiglich sei. Wegen dieser »Irrlehre« wurden die Bauten der Arianer verunstaltet, als Ravenna 540 erneut unter byzantinische Herrschaft kam. Kaiser Justinian und seine Frau Theodora, ein ehemaliges Freudenmädchen, beschränkten sich nicht mit Korrekturen. Der von ihnen eingesetzte Bischof Maximian errichtete zusammen mit seinem Geldgeber Julius Argentarius die letzten Wunderwerke byzantinischer Kirchenkunst in Ravenna.

Nach Justinians Tod verlor die Stadt ihren Nimbus. Heute ist Ravenna wohl die am wenigsten charmante Stadt der Region. Sie ist geprägt von einem allzu klotzigen Wiederaufbau nach 166 (!) Bombenangriffen der Alliierten 1944. Verzaubern wird Ravenna nur durch seine schimmernden Mosaike – da aber restlos.

Hotels/andere Unterkünfte

Argentario ■ c 3
Sollte man eigentlich unter Denkmalschutz stellen. Und abstauben.
Via di Roma, 45; Tel. 05 44/3 55 55,
Fax 3 51 47; www.hotelargentarioravenna.it;
28 Zimmer ★★

Bisanzio ■ a 2
So stellt man sich hier zu Lande amerikanischen Hotelkomfort vor.
Via Salara, 30; Tel. 05 44/27 71 11,
Fax 3 25 39; www.bisanziohotel.com;
38 Zimmer ★★★

Centrale Byron ■ a 2
Modern ausgestattetes Stadthotel im historischen Zentrum.
Via IV Novembre, 14; Tel. 05 44/3 34 79,
Fax 3 41 14; www.hotelbyron.com;
54 Zimmer ★★

Jolly ■ c 2
Quadratisch, praktisch, gut gelegen.
Piazza G. Mameli, 1; Tel. 05 44/3 57 62,
Fax 21 60 55; www.jollyhotels.it;
84 Zimmer ★★ bis ★★★

Spaziergang

Parken Sie Ihren Wagen an der **Porta Adriana**, einem Stadttor aus dem 16. Jh., und schlendern Sie auf der **Via C. Cavour**, unangefochten Ravennas schönste Einkaufsstraße. In dem unvollendeten Palast Guiccioli mit der Hausnummer 54 lebte Lord Byron 1820 bis 1821 mit seiner jungen Geliebten Teresa und deren angetrautem alten Grafen unter einem Dach. An der Piazza Andrea Costa mit der schönen Fassade des Mercato Coperto geht es rechts über die Via IV Novembre auf die **Piazza del Popolo**, das städtische Zentrum. Hier haben die Venezianer in der zweiten Hälfte des 15. Jh. mit zwei **Säulen** und dem **Palazzetto Veneziano** deutliche Spuren ihrer kurzen Herrschaft hinterlassen. Im Nordosten des Platzes führt die Via XIII Giugno zur beängstigend windschiefen **Torre Comunale**. Hier biegen Sie rechts in die Via P. Costa, bis Sie die Via di Roma erreichen. Bevor Sie die große Nordsüdachse durch das Zentrum von Ravenna über die Via G. Guaccimanni wieder verlassen, lohnt **Sant'Apollinare Nuovo** einen Besuch und der angebliche **Palast des Theoderich** einen Blick. Das ruinöse Bauwerk war mit Sicherheit nie der Wohnsitz des Königs der Ostgoten und diente wohl nicht einmal weltlichen Zwecken. Vielmehr dürfte es sich um die Überreste einer Kirche aus der Glanzzeit Ravennas handeln. Auch **San Francesco** sollten Sie nicht links liegen lassen. Zu kurios ist der Eindruck seiner unter Wasser stehenden, von Fischen bevölkerten Krypta. Über die von Nachkriegsarchitektur beherrschte Piazza dei Caduti und die Via M. d'Azeglio kehren Sie zur Porta Adriana zurück.

Symbolträchtig: Kuppelmosaik mit der Taufe Christi im Battistero degli Ariani.

Sehenswertes

Battistero degli Ariani ■ b 2
Rund 100 Jahre nach der Taufkirche Neons entstand unter Theoderich ihr arianisches Pendant, ein äußerst schlichtes Achteck aus Backstein – mit fantastischem Deckenschmuck. Das **Kuppelmosaik** mit der Taufe Christi und dem umgebenden Apostelkranz ist bestens erhalten und besticht als Weiterentwicklung des Vorbildes. Insbesondere die Kreisform ist besser ausgenutzt, dank Vergrößerung des Jordan, der mit lustigen Krebsscheren auf dem Kopf als Flussgott gekennzeichnet ist. Christus, auf den die Taube zum Zeichen der Taufe Wasser spuckt, macht im durchsichtigen Wasser ungehemmt auf FKK.
Via degli Ariani; tgl. 8.30–19.30 Uhr

Battistero Neoniano ■ a 3
Als Bischof Neon im 5. Jh. die Taufkapelle seines Domes dekorieren ließ, war der Heiligenschein noch nicht erfunden. Dafür sind die Köpfe der Apostel, die das Medaillon mit der Taufe Christi umschreiten, kunstgeschichtlich ein bedeutsamer Zwischenschritt. Auch der darunter liegende Abschnitt hat unverkennbar frühchristlichen Charakter. Dort wechseln sich vier Altartische mit den vier Evangelien mit vier leeren Thronen ab, die auf die Wiederkehr Christi zum Jüngsten Gericht warten. Der seltsam gedrungene Charakter des Bauwerkes erklärt sich mit den Aufschwemmungen, die das Niveau der Stadt seit der Spätantike beträchtlich anhoben.
Via Battistero; 9.30–19 Uhr, im März und Okt. bis 17.30, im Winter bis 16.30 Uhr

Mausoleo di Galla Placidia ■ a 1
Im schlichten Backsteinklotz versteckt sich das Juwel in Ravennas glänzender Mosaikkrone. Selten ist auf so engem Raum so viel Pracht zusammengefasst worden.

Über die Querhausgewölbe spannt sich ein prächtiger orientalischer (Mosaik-)Teppich. In den Lünetten bezaubern rührende Illustrationen des Psalms, in dem unsere Seelen nach Gott dürsten wie Hirsche nach einer Quelle. Auf den beiden anderen Halbkreisfeldern entstanden Meisterwerke der spätantiken Bildkunst: Über der Tür hat sich ein apollinisch heldenhafter guter Hirte zum Hüten seiner Schafe in paradiesischer Landschaft niedergelassen. Gegenüber rast Laurentius, ganz wild auf seine Marter auf dem bereits brennenden Rost, Richtung Bücherbord, um die Sammlung der vier Evangelien mit einem unbekannten fünften Band zu ergänzen. In der Kuppel funkelt ein traumhaft schöner Sternenhimmel.

Thematik und die wuchtigen Sarkophage sichern die Deutung als Mausoleum. Aber ob die Kaisertochter und Regentin des Weströmischen Reiches hier ruht, ist äußerst fraglich. Nach ihrem Tod 450 in Rom dürfte sie höchstwahrscheinlich in der dortigen Familiengruft beigesetzt worden sein.
Via B. Fiandrini; tgl. 8.30–19.30 Uhr

Mausoleo di Teodorico ■ c 1
Es steht da ein bisschen verloren – gut 1 km außerhalb der Stadtmauern, zwischen Pinien, eingesunken in das aufgeschwemmte Land. Aber das strahlende Weiß des istrischen Kalksteins, aus dem der Bau ganz errichtet ist, wäre auch inmitten der backsteinernen Stadt ein Fremdkörper gewesen. Und nicht nur dort. Er ist schlicht eines der rätselhaftesten Architekturdenkmäler des Abendlandes, ohne Vorbild, ohne Nachbildung. Es waren syrische Baumeister, die den zehneckigen, zweistöckigen Bau aufrichteten, in dem der Porphyrsarg Theoderichs im Jahr 526 aufgestellt wurde. Geschlossen wurde das Mausoleum mit einem gewaltigen Deckel. Welche Ingenieurtechnik die weit über 200 t wiegende Platte damals auf den Bau hievte, ist bis heute nicht erforscht.
Via delle Industrie, 14; tgl. 8.30–19 Uhr, März und Okt. bis 17.30, 1. Nov.–28. Feb. bis 16.30 Uhr

Sant'Apollinare Nuovo ■ c 3
Der Name führt in die Irre, denn dieser Sakralbau ist 50 Jahre älter als sein Namensvetter in Classe (→ S. 73). Bauherr war der Ostgote Theoderich, ein Anhänger des arianischen Kultes, der die Kirche dem Erlöser weihte. Er ließ ihr Inneres geradezu mit einem Mantel von Mosaiken überziehen, die in einer prächtigen Szenenfolge vom Leben und Sterben Christi erzählen. Nachdem die Byzantiner Ravenna zurückerobert hatten, wollten sie jegliche Erinnerung an den Bauherrn auslöschen. Nicht nur nannten sie die Kirche um (allerdings nachdem die Reliquien des heiligen Apollinaris aus Classe hierher gebracht worden waren). Sie legten auch Hand an den Mosaikschmuck, und das in solch ungeschickter Vehemenz, dass wir noch heute darüber schmunzeln. Von den Figuren im Palast des »Ketzers« Theoderich nämlich »radierten« sie alles aus, was sie zwischen den Säulen sahen. Auf den Säulen aber übersahen sie Arme und Hände und sorgten so dafür, dass Theoderichs Hofstaat zumindest bruchstückhaft überlebte.
Via di Roma; 9–19 Uhr, März und Okt. 9.30–17.30, 1. Nov.–28. Feb. bis 16.30 Uhr

San Vitale ■ a 2
Der am Ort des Martyriums des hl. Vitalis zwischen 525 und 547 errichtete und mit seinem achteckigen Grundriss die Grabeskirche Christi nachahmende Sakralbau gilt als eines der großen Monumente Italiens. 4 Schon Karl der Große bewunderte dieses großartigste Gesamtkunstwerk der Spätantike so sehr, dass er es mit seiner **Pfalzkapelle** in Aachen

imitieren wollte. Dabei scheute er sich nicht, das Vorbild seiner Marmorverkleidungen zu berauben. Diese galten damals als weitaus kostbarer als die Mosaike, deren kleine Einzelteile er letztlich nur als Abfallprodukte betrachtete. Doch heute faszinieren uns gerade sie und in San Vitale besonders die Darstellungen des oströmischen Herrscherpaares Justitian und Theodora. Neben Justitian erscheint der von ihm zum Bischof von Ravenna ernannte Maximian, Bauherr von San Vitale, und, ohne Füße, sein Stifter, Julius Argentarius.

Via Fiandrini; tgl. 9–19 Uhr, März und Okt. bis 17.30, 1. Nov.–28. Feb. bis 16.30 Uhr

Tomba di Dante ■ b 3

Noch mehr als die Deutschen um Goethe treiben die Italiener einen Kult um Dante. Folglich ist das Grab des größten ihrer Dichter eine nationale Pilgerstätte. Doch die Gestaltung wird der Bedeutung kaum gerecht. Man spürt geradezu, dass das frühklassizistische Mausoleum 1780 als leere Hülle errichtet wurde. Zu diesem Zeitpunkt nämlich galten Dantes Gebeine als verloren, vergessen in einem Versteck vor den Florentinern, die 1519 die Überreste ihres großen Sohnes stehlen wollten. Erst 1865 wurden sie wieder entdeckt. Seitdem kommt jedes Jahr am 13. September, dem Todestag Dan-

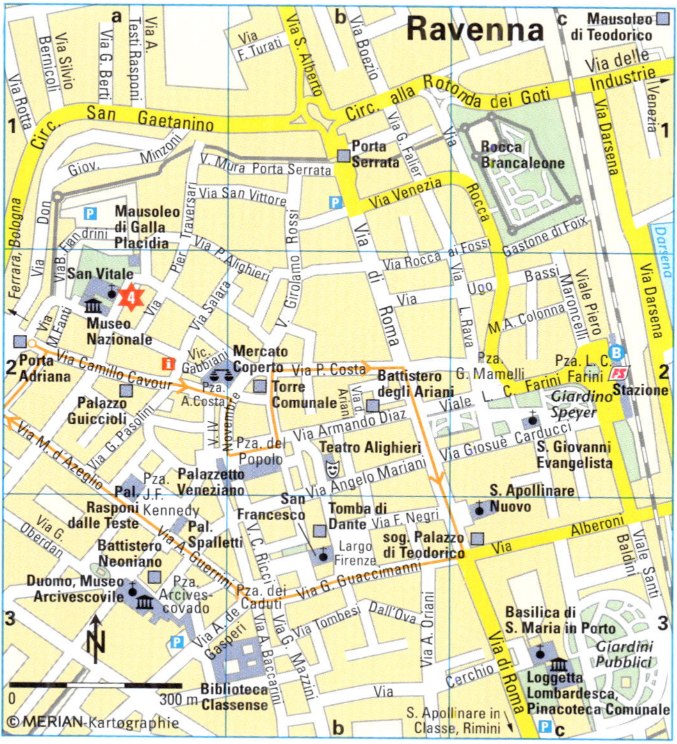

tes, eine Abordnung aus der Toskana und bittet um Herausgabe der Gebeine. Doch die Ravennaten bleiben stur – mit Recht. Schließlich hat Dante selbst gesagt, er wolle nie zu seiner »wenig liebevollen Mutter« zurückkehren.
Via Dante Alighieri; tgl. 9–19 Uhr, 1. Okt–31. März 9.30–12 und 14–17 Uhr

Museen

Museo Arcivescovile ■ a 3
Schmuckstück des Erzbischöflichen Museums ist ein einzigartiger **Thron**. Er besteht aus Elefantenbein-Reliefs, die in einzelnen Szenen von Josef, Christus und den Aposteln erzählen. Wo der Thron gefertigt wurde, ist strittig. Wahrscheinlich hat ihn Justinian um 550 in Alexandria in Auftrag gegeben, um ihn Bischof Maximian in Ravenna zum Geschenk zu machen.
Piazza Arcivescovado; 9–19, März und Okt. bis 17.30, 1. Nov.–28. Feb. bis 16.30 Uhr

Museo Nazionale ■ a 2
Grabsteine von römischen Marinesoldaten aus Classe, in Konstantinopel gemeißelte, auf Augenhöhe heruntergeholte Kapitelle, germanische Walfisch- neben byzantinischen Elfenbeinschnitzereien, Tonröhren, die man in Ravenna zum Wölben der Kirchen nutzte, Ikonen aus kretisch-venezianischer Schule – ein ziemliches Sammelsurium mit ein paar seltenen Sehenswürdigkeiten.
Via Fiandrini; Di–So 8.30–19.30 Uhr

Pinacoteca Comunale ■ c 3
Unter den merkwürdigen Museen Ravennas macht die städtische Bildersammlung keine Ausnahme: Ihr wertvollster Besitz ist eine Skulptur! 1525 meißelte der in Venedig zu Ruhm gekommene Bildhauer Tullio Lombardo das Grabmal des »Herrn Guiderella aus Ravenna«. Der Soldat des romagnolischen Oberschurken Cesare Borgia aber starb nicht, wie die prächtige Rüstung glauben machen will, auf dem Feld. Vielmehr »schlug ihn« ein Waffenbruder »in Stücke« – im Streit um »ein sehr schönes Hemd im spanischen Stil«. Tullio verschweigt die dramatischen Ereignisse und zeigt stattdessen einen jugendlichen Helden im Schlaf. Unter den Gemälden der Sammlung gibt es keines, das die Kunstgeschichte maßgeblich beeinflusst hätte. Im Erdgeschoss sind einige Versuche zu bewundern, das musivische Handwerk der italienischen Kunst des 20. Jh. anzuverwandeln.
Via di Roma, 13; 9–13 und 17–20, Fr bis 21 Uhr, Sa und So nur bis 13 Uhr, Okt.–März Di–Fr 9–13 und 15–18, Sa/So 10–18 Uhr

Essen und Trinken

Cà de Ven M M M ■ b 3
Dies ist nicht nur das Haus, sondern die Heimat des romagnolischen Weines. Dazu Piadina und einfache Gerichte.
Via C. Ricci, 24; kein Telefon; Mo geschl. ★

Caffè Corte Cavour ■ a 2
Cocktails und Snacks im pieksauberen mediterranen Innenhof.
Via C. Cavour, 51 d; Tel. 05 44/3 01 54; So geschl.

Osteria il Vicolo M ■ a 2
Hin und wieder fragt sich jeder Ravennate: Warum zu Hause essen, wo's doch hier genauso gut schmeckt?
Vicolo Gabbiani, 7; Tel. 05 44/21 24 43; Mo geschl. ★★

Ristorante Free Flow Bizantino ■ ab 2
Leckerer Schnellimbiss in der Markthalle. Kaum Touristen!
Piazza Andrea Costa, 6; Sa und So geschl. ★

Sorbetteria degli Esarchi ■ b 2
Hier wird die Betonung auf die zweite Silbe von Eiscreme gelegt.
Via IV Novembre, 11; tgl. geöffnet

Oben: Ruhe in Rimini (→ S. 73) – Bademeister außer Dienst.

Mitte: Das Mausoleum des größten italienischen Dichters, die Tomba di Dante, ist noch immer eine Art Wallfahrtsstätte (→ S. 69).

Unten: Gute Weine aus der Romagna in Hülle und Fülle können Sie in der Cà de Ven probieren (→ S. 70).

Einkaufen

Akomena ■ b 3
Galerie für zeitgenössisches Mosaik ohne Berührungsängste mit Gebrauchskunst.
Via di Roma, 58

Galleria S. Vitale ■ a 2
Qualitativ überzeugendes Kunsthandwerk. Vor allem die hier vor Ort gefertigten Mosaike sind besondere Mitbringsel.
Via M. Fanti, 8

Gastronomia Marchesini M M ■ b 3
Gilt als eines der besten Lebensmittelgeschäfte Italiens. Die hausgemachte Polenta oder die gedünsteten Steinpilze sind wirklich unwiderstehlich.
Via Mazzini, 2

Max Mara ■ b 2
Weniger der überall gleichen Kollektion als des Ladens wegen absolut sehenswert. Die Rückwand des Verkaufsraums bildet nämlich die Apsis der aufgelassenen Kirche S. Michele in Africisco aus dem 6. Jh.
Via IV Novembre, 39

Mercato Coperto M M ■ ab 2
Appetitliche Viktualienpräsentation hinter neobarocker Fassade.
Piazza Andrea Costa, 6; Mo–Sa 7–14, Fr 16.30–19.30 Uhr

Space ■ a 2
Klamotten grell und teuer. Ein Hauch von SoHo.
Via C. Cavour, 100

Am Abend

Ambaraba östlich ■ c 2
Wenn Ravennas Jugend nicht zum Tanzen an die Küste fährt, gibt sie in diesem Pub ihrer Anglophilie nach.
Via Magazzini Posteriori, 18

Teatro Alighieri ■ b 2
Klassisches Gastschauspiel, vorwiegend im Winter.
Via A. Mariani, 2; Tel. 05 44/3 25 77, Fax 21 58 40

Service

Auskunft

IAT Ravenna ■ a 2
Via Salara, 8–12; Tel. 05 44/3 57 55, Fax 48 26 70; www.turismo.ravenna.it

Bahnhof ■ c 2
Piazza L. C. Farini; Tel. 05 44/3 64 50

Busbahnhof ■ c 2
Piazza L. C. Farini; Tel. 05 44/3 52 88

Medizinische Hilfe

Ospedale S. Maria delle Croci südwestlich ■ a 3
Via A. Missiroli, 10; Tel. 05 44/4 09 11

Notarzt
Tel. 118

Ziele in der Umgebung

Brisighella ■ A 22, S. 118

7600 Einwohner

Wer in der Landschaft um Brisighella ankommt, betritt zwar nicht Neuseeland, aber Neuland schon: Denn seit kurzem werden hier mit Erfolg Kiwis angebaut.

Das Städtchen selbst aber ist reinstes Mittelalter, bewacht von der hoch darüber aufragenden **Torre dell'Orologio**, einer Burg und einem Marienheiligtum. Am ehesten sind die alten Zeiten auf der überdachten Via degli Asini über der Piazza Marconi nachzuempfinden, auf dem Esel, in der Höhe des zweiten Stockwerks, seinerzeit zu einem Kreidebruch getrieben wurden. Manche machen sich aber auch nur wegen des einzigarti-

gen Olivenöls auf den Weg nach Brisighella (in großer Auswahl bei der Cooperativa Cab in der Via Strada, 2).
43 km südwestlich von Ravenna

Faenza

B 21, S. 118

53 400 Einwohner

Es dürfen sich nicht allzu viele Städte rühmen, ihren Namen einem ganzen Produktionszweig gegeben zu haben. Noch heute kommen begehrenswerte **Fayencen** aus Faenza. Natürlich wird das Handwerk mit einer standesgemäßen Sammlung gefeiert. Das **Museo Internazionale delle Ceramiche** (Viale Alfredo Baccanini, 19; Mo–Fr 9–19, Sa und So 9.30–13, Okt.–April 9.30–13 und 15–18 Uhr) beschränkt sich indessen nicht auf die Geschichte der lokalen Produktion. Der Bogen wird vielmehr von der Keramik der Antike über Beispiele etwa aus Lateinamerika bis zu zeitgenössischen Stücken gespannt. Außerdem sehenswert: die **Piazza del Popolo** und **della Libertà** mit Renaissancedom und Stadtpalästen.
30 km südwestlich von Ravenna

Rimini

E 22, S. 119

130 000 Einwohner

Die Geburtsstadt Fellinis hat zwei Seiten. Die eine liegt am Meer, dessen Wasserqualität glaubwürdigen Quellen zufolge wieder akzeptabel ist. Böse Zungen behaupten sogar, die Algenpest sei eine Erfindung der Italiener gewesen, die ihren Traditionsstrand an der Adria wieder für sich haben wollten. Die andere Seite ist das **centro storico**, in dem sich einige bedeutende Monumente aus der Antike und der Frührenaissance erhalten haben. »Ariminum« war zur Römerzeit ein wichtiger Knotenpunkt. Die von Rom kommende Via Flaminia erreichte die Stadt 220 v. Chr.; 33 Jahre später war die nach Placentia führende Via Aemilia fertig gestellt. 27 v. Chr. wurde der Treffpunkt der beiden Straßen vom **Arco di Augusto** markiert, dem ältesten erhaltenen Triumphbogen Italiens, der allerdings nie freistehend, sondern ein in die große Mauer eingebundenes Stadttor war. Nur wenige Jahre zuvor war – nach den Plänen des berühmten Architekten Vitruv – der Ponte di Tiberio über das Flüsschen Marecchia gespannt worden, in einer so zukunftsträchtigen Konstruktion, dass die Brücke bis heute dem Verkehr standhält.

Ende des 13. Jh. kam die Stadt in die Gewalt der Malatesta. Doch so skrupellos die Tyrannen ihre Machtkämpfe ausfochten, so kunstsinnig waren sie auch. Eitler Ausdruck dafür ist der **Tempio Malatestiano**, den die bedeutendsten Künstler des Quattrocento von einer schlichten Franziskanerkirche in einen Schatzkasten der Frührenaissance verwandelten.
50 km südöstlich von Ravenna

Sant'Apollinare in Classe

D 21, S. 119

Im Jahre 549 weihte Bischof Maximian diesen Bau ein. Namenspatron war der Missionar der Romagna Apollinaris, dessen Gebeine in den römischen Flottenstützpunkt Classe (**classis** = Flotte) gebracht worden waren. Im Zentrum der Apsis tritt er machtvoll zwischen die von ihm bekehrten Schäflein, die fortan im Paradies grasen dürfen. Über ihm erscheint im prächtigen Sternenkreis das Kreuz, das, entsprechend der Prophezeiungen, Moses' und Elias' Auferstehung überhaupt erst möglich macht. Über dieser farbigen Pracht werden die 24 herrlichen Säulen aus poliertem griechischem Marmor und die einzigartige Sammlung spätantiker Sarkophage fast übersehen.
Via Romea Sud, Classe; tgl. 8.30–12 und 14–19 Uhr; 5 km südlich von Ravenna

Wer mit seinen Jüngsten im Arm in die Emilia Romagna kommt, wird sich vor potenziellen Gesprächspartnern kaum retten können. Manchem geht der Überschwang freilich etwas zu weit. Nicht alle Eltern sind begeistert, wenn sich zwar ungemein sympathische, aber eben wildfremde Menschen aus allernächster Nähe nach dem Befinden der lieben Kleinen erkundigen. Doch wer sich darüber aufregt, wenn unbekannte Passanten womöglich Karies treibende Süßigkeiten anbieten oder dem Nachwuchs auch schon mal zärtlich in die Wange zwicken, der sollte mit seinen Kindern vielleicht besser Urlaub in Niedersachsen machen ...

In Bezug auf Kinderliebe lässt sich Italien von keinem Land der Welt etwas vormachen. Die Unterhaltung der bambini steckt allerdings noch in den Kinderschuhen.

Nicht viel mehr als Eis für die Götter

Für die, die ihre Freude an Kindern mit den Italienern teilen wollen, liegen die Vorteile auf der Hand. In Cafés und Restaurants wird man bevorzugt behandelt, das Angebot an niedlichsten Kinderklamotten ist garantiert größer als daheim, und an jeder Ecke lockt der köstliche Schmelz italienischer Urlaubsträume: Eis, das leckerste überhaupt, in rauen Mengen.

Doch bei aller (Kinder-)Liebe: Für ein Land, in dem die **bambini** vergöttert werden, gibt es erstaunlich

wenige Attraktionen für sie. Dieser Mangel macht sich vor allem im Landesinnern bemerkbar, wo Eltern auf Reisen über weite Strecken vergeblich nach kleinen Abenteuern für ihre Jüngsten Ausschau halten werden.

Disneyland auf Emilianisch

Sie tun also gut daran, wenn Sie vor Antritt der Reise Ihren Kindern vom spannenden Treiben der Ritter erzählen. Ob vom Gang Heinrich IV. nach Canossa oder den Meuchelmorden der Malatesta oder Cesare Borgias – aufregenden Stoff bietet die Geschichte dieser Region zuhauf. Und zuhauf gibt es hier auch Kastelle, Burgen und Schlösser, die Ihre entsprechend vorbereiteten Jüngsten denn auch staunen lassen werden. Besonders gut erhalten und in der Innenausstattung nicht nur für kindliche Gemüter hochinteressant ist die alte Festung in **Vignola**.

Zu einem gelungenen Familienurlaub in der Emilia Romagna gehört auch ein Ausflug mit dem Fahrrad.

Überhaupt hat es den Italienern ja das Mittelalter angetan, und das nicht erst in jüngster Zeit. Um 1900 hat ein amerikanisch veranlagter Spross des Hauses Visconti (übrigens Vater des Filmregisseurs Luchino) um seine Burg südlich von Piacenza ein neogotisches Museumsdorf errichten lassen. Dieses **Grazzano Visconti** mit seinen Handwerksstuben, Schankbetrieben und kostümierten Junkern und Mägden lässt noch heute Kinderherzen höher schlagen. Größer werden die Kulleraugen wohl nur noch im Allerheiligsten des schnellen Autos, der **Galleria Ferrari** in Maranello bei Modena.

Unterhaltung an der Küste

Damit hat es sich freilich schon, und spätestens jetzt wird Ihren Jüngsten auf dem Lande langweilig. Doch die meisten, die mit Kindern in der Emilia Romagna Urlaub machen, tun dies sowieso an der Adria, und dort gibt es so viel Sandstrand, Sonne und Meer, dass es eigentlich keiner zusätzlichen Attraktionen bedarf. Ausgerechnet hier aber buhlen die Romagnoli um die Gunst Ihrer Kinder.

Am Lungomare in **Riccione** zum Beispiel fahren sie ab dem späteren Nachmittag mit einem Delfinarium auf. In **Viserba di Rimini** können Sie Ihren Kindern von der Schwebebahn aus »Italia in Miniatura« vorführen. Bei **Ravenna** zielt in dem Örtchen **Savio** der Vergnügungspark »Mirabilandia« auf große und kleine Besucher. Vielleicht haben Sie aber auch Glück mit den Interessen Ihrer Kinder, und Sie können gemeinsam das schöne Bootsmuseum genießen, das im von Leonardo da Vinci entworfenen Hafenkanal in **Cesenatico** eingerichtet worden ist. Die bunten Schiffe kontrastieren eindrucksvoll mit dem Blau des Wassers.

Den Charakter der Emilia Romagna erkunden Sie mit dem Auto am praktischsten, mit dem Disco-Bus am trendigsten und mit dem Fahrrad am intensivsten.

Wer durchs Verdi-Land reist, sollte auch die Villa des großen Komponisten besichtigen (→ S. 87).

Die Via Francigena

Wer aus der Weisheit, alle Wege führten nach Rom, schließt, dass deren immer schon viele waren, irrt. Vor allem Reisenden aus Mittel- und Nordeuropa stand aufgrund der natürlichen Hindernisse nur eine eingeschränkte Streckenauswahl zur Verfügung. Wichtigste Nord-Süd-Verbindung des Mittelalters für Kaufleute, Emissäre und Pilger war die **Via Francigena** oder **Strada Romea**, je nach Herkunft bzw. Ziel der Reisenden »Fränkischer Pilgerweg« oder »Römische Straße« genannt. Ein Teil des von Canterbury über Reims, Lausanne, den Bernadiner-Pass, Pavia, Lucca, Siena und Viterbo ans Grab des Apostels Petrus führenden Weges durchkreuzt die Emilia. Eine einzigartige Kette von Beispielen romanischer Baukunst und Skulptur lohnt die Pilgerfahrt noch heute. Kriterium der mittelalterlichen Streckenführung war nicht der kürzeste oder bequemste Weg. Vielmehr besuchten die Pilger auf ihrer Wanderung gern auch Wallfahrtsorte oder bedeutende Grabstätten.

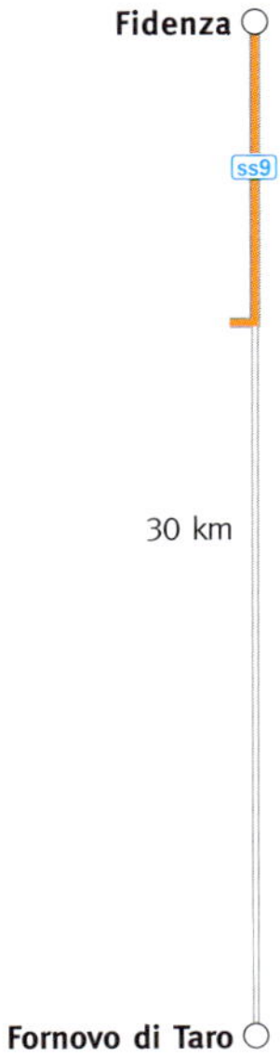

In **Borgo San Donnino**, dem heutigen **Fidenza**, gab es beides. Denn hier lag ein Heiliger begraben, dessen Verwicklung in ein Brückenwunder den auf Flussüberquerungen angewiesenen Pilgern höchste Verehrung abnötigte. Die Fassade des über dem Grab des hl. Donnino entstandenen Doms schmückt einer der schönsten Zyklen romanischer Bildhauerkunst. Benedetto Antelami, der Schöpfer des Baptisteriums zu Parma, hat die Reliefs mit der wundersamen Vita des Heiligen wohl konzipiert. Hier wie an vielen anderen Kirchen der Via Francigena finden sich neben biblischen und heiligen Gestalten auch »Selbstdarstellungen« der Pilger, sozusagen als Wegweiser für die Reisenden. Nicht selten aber sind auch Horrorbilder eingearbeitet, als Warnung vor dem Schicksal dessen, der vom rechten Weg abkommt. Drastische Beispiele finden sich in **Fornovo di Taro**. Im Mittelalter erwarteten die Pilger an der Fassade von S. Maria Immacolata schauderhafte Monster und eine grässliche Höllenvision des Jüngsten Gerichts. Die Landschaftsbilder auf dem immer steiler werdenden Weg in den Apennin muten dagegen fast paradiesisch an. Ziel war und ist der **Passo di Cisa**, den bereits vorchristliche Wanderer als unbeschwerlichste Überquerung des oft wolkenverhüllten und winterkalten Höhenzuges ausgemacht hatten.

Heute schießt die Autobahn geradewegs über den Pass nach **La Spezia** an die Riviera. Sie machen jedoch – der alten Route folgend – einen Umweg über **Bardone**. Das Bergdorf war die nächste Station auf dem Pilgerweg. Von der Pfarrkirche, in der die Wanderer damals Unterschlupf suchten, geht es über Cassio und Corchia weiter in das auf den ersten Blick wenig ansehnliche Städtchen **Berceto**. Erst im Zentrum sind Sie wieder dem Mittelalter auf der Spur. Die kopfsteingepflasterte Gasse, die die alte Burg mit der noch älteren Klosterkirche verbindet, ist sogar ein Originalstück aus dem Streckenverlauf der Via Francigena. Dass sie seinerzeit keine Dorfgasse, sondern ein international frequentierter Reiseweg war, zeigt die wuchtige Abtei, in der sich Stilelemente von der Ile-de-France wiederfinden. Ungewöhnlich groß für ihre ländliche Umgebung scheint die Kirche, in der ein Begleiter des hl. Bonifatius begraben liegt. Ihre Ausmaße aber erklären sich aus der großen Anzahl der Pilger, die in dem Gotteshaus Station machten.

Wer für sich selbst eine Unterkunft am Pilgerpfad sucht, sollte es einmal mit dem in Italien immer populärer werdenden **Agriturismo**, also der italienischen Version des Urlaubs auf dem Bauernhof, versuchen. Unweit **Bardone** gibt es eine einsam gelegene romantische Burg, die von Carlo Raimondi, einem ausgestiegenen Unternehmer, als Altersvergnügen instand gehalten wird. Der landwirtschaftende Ex-Manager kann ausgezeichnet kochen!

Selva Smeralda, Azienda Agrituristica, Cella di Palmia, Uff. PT Sivizzano, 43040 Terenzo; Tel. 05 25/52 00 09
★ M M
Spezialführer: *La Via Francigena* (engl.), hrsg. vom Touring Club Italiano, Corso Italia 10, 20122 Mailand; Tel. 00 39/02/85 26-5 38, Fax 85 26-5 10
Dauer: 1 Tag; **Karte:** → S. 109, 111

Auf der längsten Promenade der Welt

Viel hat die katholische Kirche ja nicht für die Freuden des Körpers getan. So weiß man nicht, ob es Absicht war oder eine sinnliche Unüberlegtheit, dass ausgerechnet in Rimini, mitten im damaligen Kirchenstaat, am 30. Juli 1843 von einem leibhaftigen Kardinal-Legaten des Vatikans die erste öffentliche Badeanstalt am Adriatischen Meer eröffnet wurde. Wie dem auch sei, die Möglichkeit, wie Venus und Adonis am Strand herumzuhüpfen, uferte bald aus. Längst hat sich die emilianisch-romagnolische Küste zwischen der Berührung von Apennin und Meer im Süden und der Mündung des Po im Norden als breiteste Badeanstalt Europas etabliert. Diese Tour will aber nicht die 130 Kilometer Sandstrand ablaufen, der lange Zeit als Teutonengrill verunglimpft wurde. Sie ist vielmehr auf dem **lungomare** unterwegs, der, häufig von Pinien überschattet, die Küste begleitet.

Strandleben und Designermode

Cattolica
6 km
Riccione
11 km
Rimini

Den Anfang im Süden macht ein Ort, dessen Name zumindest ein wenig an den Ursprung des sommerlichen Strandlebens erinnert: **Cattolica,** das sich einen alten Kern bewahrt hat, wurde allerdings schon von den Römern gegründet. **Riccione** dagegen verdankt seine herausragende Stellung als einer der exklusivsten Badeorte an der Adria sicherlich Mussolini, der hier seine Sommer verbrachte. Heute regiert vor der Kulisse ewiggestriger Architektur die **alta moda**. Besonders auf der Viale Maria Ceccarini werden jeden Sommer die letzten Trends aus den italienischen Ateliers vorgeführt. **Rimini** ist da volkstümlicher, auch wenn seine Glanzzeit nobler war. Ihr steingewordenes Denkmal ist das im Libertystil errichtete Grand Hotel, wo sich Fellini immer wieder gerne aufhielt. Mit zahllosen Pubs, einem zweifelhaften Nachtleben und sicherlich der lebendigsten Kultur zwischen Ancona und Venedig bleibt Rimini zweifellos die vielschichtige Metropole, an der der Meister der menschlichen Komödie im 20. Jahrhundert noch immer seine Freude hätte.

Die nächsten Orte lassen sich in Flaniertempo durchfahren. Erst in **Gatteo a Mare** lohnt wieder ein Innehalten. Denn hier tritt ein Flüsschen ins Meer, das sich gemessen an seiner geschichtlichen Bedeutung eher wie ein Rinnsal ausnimmt. Es fällt schwer, sich vorzustellen, dass die Überquerung des Rubicon ein größeres Problem gewesen sein soll. Aber es war doch dieser symbolische Schritt, mit dem Gaius Julius Caesar den Fall des kaiserlichen Rom einleitete. Von der Geschichte berücksichtigt wurde auch **Cesenatico**. Cesare Borgia, der böse Bube der Romagna, wollte hier den Hafen seines Reiches haben und beauftragte niemand Geringeren als Leonardo da Vinci mit der Planung. Noch heute ist der **porto** mit bunt besegelten Rekonstruktionen historischer Schiffe das viel fotografierte Zentrum des ehemaligen Fischerdorfes. Traditionell ausgezeichnet ist die Qualität der Meeresfrüchte, die in Cesenatico auf den Tisch kommen. Architektonisch beeindruckender ist **Cervia**. Die päpstliche Idealstadt wurde im frühen 18. Jahrhundert etwa zwei Kilometer landeinwärts abseits der ungesunden Sümpfe angelegt und hat in der arkadenumstandenen Piazza Garibaldi noch heute ein beschauliches Zentrum. Der Nachbarort **Milano Marittima** entstand erst in den 1930ern und atmet dafür ein erstaunlich elegantes Flair.

In Lido di Classe bricht die Küstenstraße ab. Um weiter nach Norden zu kommen, muss man zurück auf die Strada Romea, die einst selbst Küstenstraße gewesen ist. Jetzt umfährt sie das aus dem Apennin herangeführte Schwemmland, das den alten Römerhafen Classe kilometerweit vom Meer entrückt und zu seinem Niedergang geführt hat. Seinen Standort markiert die alte Basilika von **Sant'Apollinare in Classe**, vor der ein marmorner Augustus in Feldherrenrüstung die Vorbeifahrenden winkend an die grandiose Vergangenheit erinnert. Auch **Ravenna** ist inzwischen nur noch durch einen künstlichen Hafen mit dem Meer verbunden. Aber es hat ein Seebad, das den Abstecher lohnt: Dank seiner abgeschiedenen Lage triumphiert in

Mit dem Auto

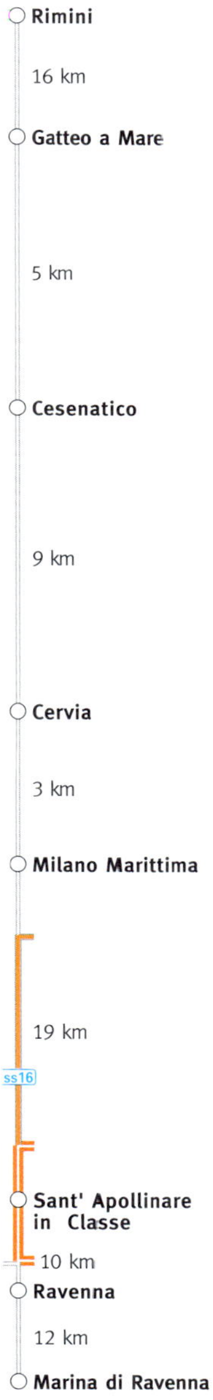

Marina di Ravenna noch die Natur über den Bettenburg-Tourismus, und es bietet sich die an der Adria außergewöhnliche Gelegenheit, mit dem Rücken zum Meer auf dem eigenen Handtuch zu liegen und nicht nur auf Beton, sondern auch auf dichten Wald zu schauen. Von hier könnte man auf kleinen Straßen den Weg direkt an der Küste fortsetzen. Spannender ist es allerdings, zurück zur Strada Romea zu fahren.

Idyllischer Sumpf

Denn gleich hinter Ravenna öffnet sich die **Pineta San Vitale**, ein naturgeschützter Koniferenwald, dessen Schönheit schon Dante besungen hat. Allerdings kann man ihn erst seit dem Zweiten Weltkrieg gefahrlos besuchen. Früher nämlich war die Pineta verseucht von der Malaria, die als berühmtestes Opfer Garibaldis südamerikanische Lebensgefährtin Anita forderte. Ihm zu Ehren wohl heißt einer der nächsten Orte küstenaufwärts **Porto Garibaldi**. Zwischen den **Valli di Comacchio** und der Adria befindet man sich jetzt in einem interessanten Bereich zwischen Sumpf und Meer, einer Landschaft, die Gemeinsamkeiten mit der Camargue aufweist. Tatsächlich stößt man am **Lido delle Nazioni** auf Pferde der charakteristischen weißen Rasse aus dem sumpfigen Süden Frankreichs.

Kurz darauf, hinter dem letzten Strandbad der emilianischen Riviera, Lido di Volano, tauchen die Bäume des **Bosco della Mesola** auf. Hier haben die Este aus Ferrara gejagt; heute ist es ein Naturschutzgebiet, in dem, einzigartig an der Adria, noch Damwild unterwegs ist. Der nördlichste Küstenzipfel der Emilia Romagna schließlich, dort wo der **Po di Goro** ins Adriatische Meer mündet, ist gar nicht mehr mit dem Auto erreichbar. Um dorthin zu gelangen, lässt man den Wagen in Goro stehen und steigt in das regelmäßig verkehrende Passagierboot um. Mit ihm erreicht man den romantisch gelegenen Leuchtturm, der das Signal für das Ende dieser Tour gibt.

Dauer: 1–2 Tage; **Länge:** etwa 140 km; **Karte:** → S. 117, 119

Mit bunten Linien ins Nachtleben der Adria

Manche behaupten, die Adria zwischen Rimini und Riccione hätte das trendigste Nightlife Europas.

Wenn sich die Jugend an der Adria »buona notte« wünscht, hat sie nichts weniger als Schlafengehen im Sinn. Ganz im Gegenteil. Nach Mitternacht wird »la pianeta sotto la luna«, der Planet unterm Mond, erst richtig wach.

Früher mega-out – heute gibt es zwischen Rimini und Riccione 170 Discos.

Fast 170 Diskotheken sind Anfang der 90er Jahre ausgerechnet an dem Abschnitt der Adria entstanden, der vor nicht allzu langer Zeit noch als absolut mega-out gegolten hatte. Und Italiens Jugend (und Halbwelt) kommt, vor allem in den Sommermonaten, in Massen, um am »night fever« teilzuhaben. Die Nachtklubbesitzer rechnen aber auch mit solchem Ansturm. Ihre Tanzpaläste sind geradezu gigantisch. Fassungsvermögen von 2000 Menschen sind da keine Seltenheit. Billig ist das Vergnügen indes nicht: Bis zu umgerechnet 20 € kann der Eintritt kosten, der meist einen Drink als schnell konsumiertes Trostpflaster einschließt. Da lohnt es sich, auf die grellfarbigen »Riduzioni Discoteche« zu achten, die tagsüber in Geschäften und an den Stränden der Adria verteilt werden.

Ab ca. 2 Uhr nachts verkehren knallbunte und einschlägig beschallte Busse wie ein Shuttle-Service im 30- bis 60-Minuten-Rhythmus zwischen den Diskotheken.

Natürlich gilt es auch an der Adria als langweilig, den ganzen Abend in einer Disco hängen zu bleiben. Den Szenenwechsel erleichtert ein Nahverkehrssystem, dem die Verantwortlichen einprägsame Farben gegeben haben. Mit dem **Treno Azzurro**, dem Blauen Zug, bringt die staatliche Eisenbahnlinie die Tanzwütigen nach Rimini oder Riccione. Die **Linea Blu**, die Blaue Linie, bedient die Küste zwischen Rimini und Riccione. Die **Linea Rossa** beschränkt sich auf Verbindungen in Rimini selbst. Die gelben Busse der **Linea Gialla** klappern die Discos entlang der Küste von Riccione über Misano Adriatico und Cattolica bis hinunter nach Gabicce Mare ab. Die **Linea Rosa** schließlich fährt zu den Tanzpalästen in den Bergen oberhalb von Riccione und Misano Adriatico hinauf.

Karte: → S. 119

Die Tosco Romagnola

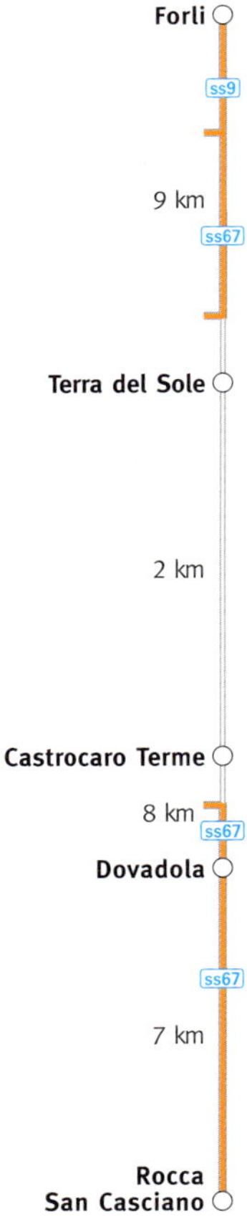

Wie ihr Beiname bereits ahnen lässt, verbindet die Staatsstraße 67 die Romagna mit der Toskana, genauer: Forli mit Florenz. Diese Tour folgt ihr fast bis zum Pass über die **Alpe di San Benedetto**. Sie führt entlang des Montone, einem der zahllosen sich den Apennin herunterstürzenden Gebirgsbäche. Im Gegensatz zu vielen anderen führt dieser auch im Hochsommer genügend Wasser, um den sich den Berg heraufquälenden Radlern ein erfrischendes Bad anbieten zu können. Die wenigen Sehenswürdigkeiten **Forlis** werden Sie nicht lange in dieser im Zweiten Weltkrieg schlimm zerstörten Provinzhauptstadt verweilen lassen. Kurz vor Verlassen der Stadt lohnt immerhin die mächtige **Rocca di Ravaldino** einen Blick, eine der typischen Backsteinburgen des 16. Jahrhunderts. Dann geht es hinein, oder besser hinauf, in eine Landschaft, die zusehends toskanischer anmutet. Tatsächlich gehörte dieser Teil der Romagna lange Zeit den Medici, den Herren von Florenz. Und bereits die erste Station, **Terra del Sole**, ist eine im Auftrag der Großherzöge der Toskana entstandene Stadtanlage der Spätrenaissance mit fast vollständig erhaltener Ummauerung. Wenn das »Land der Sonne« seinem Namen Ehre macht, ist hier vielleicht Zeit für die Besichtigung der kühlen Festung.

Trüffeln zur Vesper

Nur ein paar Pedaltritte weiter erreichen Sie das Thermalbad **Castrocaro Terme**. Weniger die Kuranlagen als die zu der eindrucksvollen Burgruine aufsteigende Altstadt verdient Ihre Bewunderung. Auch **Dovadola**, der zwischen zwei Brücken über den Montone liegende nächste Ort, wird von einer gewaltigen Rocca überragt. Wer hier zur rechten Zeit – nämlich im Herbstmonat Oktober – vorbeikommt, sollte jetzt unbedingt eine kulinarische Pause einlegen. Denn die Umgebung dieses Städtchens genießt weithin den Ruf als Ausgrabungsort erstklassiger Trüffeln! Ansonsten bekämpfen Sie Ihren Hunger besser bis **Rocca San Casciano**. Die Cafés auf der dreieckigen Piazza Garibaldi scheinen geradezu für Ihre Verschnaufpause und zum Auftanken verbrauchter Energie angelegt.

Erfrischung am Wasserfall

Spätestens jetzt wird die Strecke steiler und kurviger. Auf den kommenden Kilometern werden Sie sich wahrscheinlich des Öfteren aus Ihrem Sattel erheben müssen. Schon bald erreichen Sie **Portico di Romagna,** ein trutziges, von einem alten Konvent bekröntes Städtchen. Unterhalb des nächsten Ortes, **Bocconi,** offeriert der Montone ein paar besonders idyllische Badegelegenheiten, inklusive Wasserfall! Da die Menschen dieses Landstrichs in der Regel arbeiten oder Erfrischung an der nahen Adria suchen, haben Sie den Sturzbach wahrscheinlich sogar für sich ganz alleine! Dermaßen erfrischt gerät der Anstieg nach **San Benedetto in Alpe** fast zur Spazierfahrt. Der Ort selbst – am Rande eines der größten Waldgebiete Italiens gelegen – hat in den letzten Jahrzehnten den Charakter einer Ferienhaussiedlung angenommen. Für den Fall aber, dass Sie noch Kraft in den Beinen haben, sei der anderthalbstündige Spaziergang zur **Cascata dell'Acquachetta** angeraten. Schon Dante hat den – vor allem nach der Schneeschmelze – schönen Wasserfall besungen.

Mach mal Pause: Piazza Garibaldi in Rocca San Casciano.

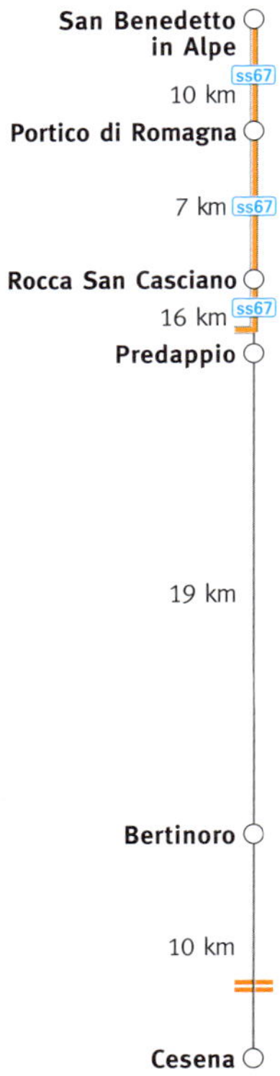

Wer den Lohn des Anstiegs genießen will, sollte sich nach Portico di Romagna herabrollen lassen und im **Al Vecchio Convento** (Via Roma, 7; Tel. 05 43/96 70 53, Fax 96 71 57; www.vecchio convento.it MMM) zu Abend essen und übernachten. Das wuchtige alte Konventsgebäude ist eine seltene Rosine im gastgewerblichen Einheitsbrei Italiens. Am nächsten Tag lässt sich die Tour je nach Zeit und Laune fortsetzen mit der Abfahrt nach **Rocca San Casciano**. Von dort führt eine Straße rechts durch eine hügelige Landschaft ins düstere **Predappio**. Mussolini hat seinen Geburtsort in ein Experimentierfeld faschistischer Architektur verwandelt. Der Friedhof im nahen **San Cassiano** ordnet sich um das schaurige Mausoleum des Duce.

Schmankerl für Weinliebhaber und Kunstinteressierte

Dann aber wird der Weg dionysischer. Er führt in das Gebiet, in dem der beste Wein der Region wächst, der rote Sangiovese. Halten Sie sich in Richtung Meldola und folgen Sie von dort den Schildern nach **Bertinoro**. Dort heißt es dann einkehren und genießen. Vorher oder nachher sollten Sie aber der Kathedrale, dem Palazzo Comunale und der bischöflichen Burg einen Besuch abstatten. In Letzterer hat bereits Friedrich Barbarossa genächtigt.

Beseelt erreichen Sie irgendwann **Cesena**, die letzte größere Stadt vor Rimini auf der Via Aemilia. Hier gibt es zu guter Letzt ein Kleinod der Frührenaissance zu bestaunen: den erhaben ebenmäßigen Lesesaal der **Biblioteca Malatestiana**, die Handschriften von unermesslichem Wert verwahrt. In dem basilikaähnlichen Saal herrscht eine ganz besondere Stimmung. Wenn Sie die Bibliothek dann wieder verlassen, werfen Sie noch einen Blick zurück auf das Portal. Dort im Giebel prangt das Wappentier der Malatesta und verkündet: »Der indische Elefant fürchtet keine Mücken«. Das sollte Sie erinnern sich einzusprühen. Denn Sie sind jetzt ein Leckerbissen für die kleinen Stecher ...

Dauer: 1 oder 2 Tage; **Karte:** → S. 115, 118

Durchs Verdi-Land

Die »Bassa«, das flache Land nordwestlich von Parma zwischen der Via Aemilia und dem trägen Lauf des Po, ist von jeher eine Kulturlandschaft. Seit Menschengedenken nähren fruchtbare Äcker die schmucken Gehöfte. Deren Steuern ließen einst die kleinen Herzogtümer erblühen, die die Ebene unter sich aufteilten. Die Bassa war aber auch Nährboden für den Bauernsohn Giuseppe Verdi, der hier geboren wurde, der Heimat zeit seines Lebens treu blieb und hier riesige Ländereien erwarb. Auf seiner **terra** gelingt eine gemächliche bis beschwingte Fahrradtour ohne nennenswerte Steigungen und Gefälle in der Topografie, aber mit zahlreichen kulturellen Höhepunkten.

Auf den Spuren des Schwans

Idealer Ausgangspunkt ist das idyllische **Soragna**, das mit der **Locanda del Lupo** (Via Garibaldi, 64; Tel. 05 24/59 71 00, Fax 59 70 66; www.locanda-dellupo.com ★★★ M M) über eine ausgezeichnete Herberge verfügt, in der man übrigens auch vorzüglich speist. Zentrum des Ortes ist die stattliche Burg, die seit 650 Jahren der Familie Meli Lupi gehört. Die Besichtigung des Privatbesitzes mit seinen üppig ausgestatteten Sälen und dem idyllisch verwilderten Garten könnte neidisch machen. Aber der jetzige Fürst empfiehlt, sollte er dem Besucher begegnen, gern und in bemerkenswertem Deutsch die beste Route. Die führt auf der S.P. 11 sechs Kilometer nach **Roncole Verdi**. Verdi-Fans drängeln sich hier vor der bescheidenen Bauernkate, in der der Meister 1813 auf die Welt kam (Dienstag bis Sonntag 9.30 bis 12.30 und 15 bis 19 Uhr). Auch das schlichte Gotteshaus gegenüber ist noch erhalten. Die primitive Orgel wird als erstes Übungsgerät des Komponisten verehrt.

Nächste Station seines Lebenswegs ist das nur fünf Kilometer entfernte **Busseto**. Vor der Besichtigung des weltberühmten Städtchens sei eine kleine Stärkung in der **Salsamenteria Baratti** M M (Via Roma, 66, montag- und donnerstagnachmit-

Soragna
6 km
Roncole Verdi
5 km
Busseto

Busseto – 3 km – Sant' Agata – 8 km – Polesine Parmense – Zibello – 8 km – Roccabianca

tags geschlossen) genehmigt, einem köstlichen kleinen Gemischtwarenladen, in dem schon der Komponist eingekauft haben soll. Seinen ersten Musikunterricht und die Tochter des Lehrers zur Frau erhielt der »Schwan von Busseto« von Antonio Barezzi, dessen Haus ebenfalls an der Via Roma zu sehen ist. Schräg gegenüber thront der Maestro auf der von Laubengängen umsäumten Piazza Verdi.

Noch zu Lebzeiten bekam er ein hübsches Teatro in der den Platz beherrschenden Burg, die einst den Pallavicini gehörte. Dasselbe Geschlecht besaß auch eine schöne Villa etwas außerhalb des Stadtzentrums, in der heute eine Totenmaske Giuseppe Verdis ausgestellt ist. Ihr begegnen Sie wieder in der Villa des Komponisten in Sant'Agata. Verglichen mit der Prunksucht seines deutschen Antipoden Richard Wagner erstaunt die beschauliche Bescheidenheit dieses Landhauses, dessen originale Einrichtung von den letzten Nachfahren Verdis bewacht wird (April bis November 9 bis 11.30 und 15 bis 18.30 Uhr).

Filmreifes Picknick

Damit ist der musikalische Teil Ihrer Tour beendet und der kulinarisch-kulturelle kann beginnen. Dafür wenden Sie sich nun wieder ostwärts und radeln auf der S.P. 10 den Po entlang. In den beiden ersten Orten, **Polesine Parmense** und vor allem **Zibello**, sollten Sie Ihren Proviant besorgen. Denn hier reift der köstliche **culatello**, der saftige Schinken vom Hinterteil des Schweins. Am besten, Sie kehren gleich bei Miriam Leonardi in der **Trattoria La Buca** (Zibello, Via Ghizzi, 6; Tel. 05 24/ 9 92 14; tgl. außer Di MM) ein. Sie serviert das beste »Ärschchen« weit und breit und empfiehlt dazu einen spritzigen Perlwein namens »Fontana«.

Die Dämme am Südufer des Po laden zu einem Picknick ein, wie Sie es aus dem Werk Bernardo Bertoluccis kennen. Italiens vielleicht wichtigster lebender Regisseur hat in der Bassa seinen Film »1900« gedreht. In Werken wie diesem ist die melancholische Schönheit der Landschaft verewigt, die Sie bis **Roccabianca** begleiten wird. Die

Festung dieses stillen Ortes ist – ganz untypisch für diese reiche Gegend – in einem ziemlich verwahrlosten Zustand. Bauherr war in der ersten Hälfte des 15. Jahrhunderts derselbe Pier Maria Rossi, der die wuchtige Burg von Torrechiara (→ S. 64) für seine Geliebte anlegen ließ. Derselben Bianca machte er auch das Backsteinschloss am Po zum Geschenk. Seine Gemahlin ließ der Despot derweil nicht leer ausgehen. Ihr Kastell erreichen Sie nach gut elf Kilometern schnurgerader Fahrt in südlicher Richtung nach **San Secondo Parmense**. Einige Räume mit hübschen Fresken in der von Bäumen umgebenen Burg lassen sich besichtigen. Sollten Sie anschließend irgendwo die Spezialität des Ortes, **spalla cotta** (gekochte Schweineschulter), angeboten bekommen, greifen Sie zu! Schließlich sind es noch gute acht Kilometer nach **Fontanellato**, der letzten und vielleicht schönsten Station Ihrer Tour.

Roccabianca

18 km

Fontanellato

Wasserburg mit spannendem Innenleben

Einmalig ist der viereckige Hauptplatz, in dessen Mitte eine Burg von ausgewogenen Proportionen in einem Wasserbecken schwimmt, die **Rocca von Fontanellato.** Im Innern locken mindestens zwei wirkliche Preziosen. In der **Saletta di Diana e Atteone** freskierte der gerade mal 21-jährige Parmigianino 1524 ein Meisterwerk des Manierismus an Wände und Decke. Thema ist die Episode aus Ovids Metamorphosen, in der die Jagdgöttin den neugierigen Aktäon in einen Hirsch verwandelt und von seinen Hunden zerfleischen lässt, weil er sie nackt beim Bade überrascht hat. Für die andere große Attraktion der Rocca von Fontanellato müssen Sie sich in einen Eckturm der Festung begeben. Dort ist eine **camera ottica** installiert, in der mittels optischer Spielerei das Bild des Vorplatzes an die Wand projiziert wird. Der Anblick Ihres Fahrrads wird Sie daran erinnern, dass Sie vor Anbruch der Dunkelheit zurück nach Soragna wollen. Acht Kilometer später sind Sie dann am Ausgangspunkt Ihrer Tour angelangt und haben sich ein gutes Abendessen in der Locanda del Lupo verdient.

7

7 km

Soragna

Dauer: 1–2 Tage; **Länge:** etwa 60 km;
Karte: → S. 109

Emilia Romagna von A bis Z.

Mit Event-Kalender, Einkaufstipps und genauer Klimatabelle, Geschichte auf einen Blick, Register und vielen anderen nützlichen Infos.

Es müssen nicht immer teure Designerläden sein: Auf Flohmärkten, wie hier in Meldola nahe Cesena, findet man so manches hübsche Mitbringsel.

Anreise

Mit dem Auto

In die größte Stadt der Emilia Romagna, nach Bologna, kommt man fast von alleine. Denn die meisten Autobahnverbindungen aus dem Norden laufen in der Universitätsstadt zusammen. Und entfernungsmäßig liegt die Metropole beinahe vor der Haustür: Von Berlin beträgt die Distanz über Nürnberg, München, Brennerpass und Verona zwar noch satte 1136 Kilometer. Von Frankfurt am Main aber sind es über Basel, St. Gotthard, Mailand und Piacenza nur noch 933 und von München sogar nur noch 543 Kilometer. Wiener fahren über Graz, Villach, Udine und Padua nach Bologna und legen dabei 747 Kilometer zurück. Und Reisende aus Zürich sind bereits nach 515 Kilometern am Ziel.

Die Anfahrt drückt allerdings empfindlich auf die Urlaubskasse. Das Benzin in Italien ist teuer (der Preis für einen Liter Super bleifrei lag bei Redaktionsschluss um 1,05 €), und die Benutzungsgebühren für die Autobahn (sowohl in Italien als auch in Österreich) bilden ebenfalls einen nicht unerheblichen Kostenfaktor im Reiseetat. Für einen Mittelklassewagen etwa wird auf der Strecke vom Brenner bis Bologna (ca. 350 Kilometer) eine Maut von umgerechnet 17 € fällig. Die **Viacard**, eine Gutscheinkarte, die in Werten zwischen etwa 10 und 80 € an Grenzstationen und Tankstellen an der Autobahn erhältlich ist, spart wenigstens Wartezeiten an den Mautstellen.

Noch ein guter Rat: Wer mit einem Auto nach Italien fährt, das auf eine andere Person zugelassen ist, sollte sich von dieser ein Vollmachtsformular aushändigen lassen, das mit dem ADAC-Dienstsiegel versehen ist. Andernfalls kann es passieren, dass das Fremdfahrzeug beschlagnahmt wird.

Mit dem Zug

Deutlich mehr Zeit als im Auto verbringt man auf Schienen. Grenzformalitäten und die für Züge schwierige Passage über die Alpen fordern ihren zeitlichen Tribut. Zweifellos aber ist die Geduldsprobe weniger anstrengend. Vor allem, wer mit dem Nachtzug reist, kommt relativ erholt in der Emilia Romagna an. Häufig allerdings sind die Abteile der staatlichen italienischen Eisenbahn miserabel klimatisiert. Ein warmer Pulli gehört also unbedingt ins Reisegepäck.

Die Rückfahrkarte nach Bologna kostet von Berlin (ca. 15 1/2 Stunden) derzeit 375 €, von Frankfurt/M. (ca. 11 Stunden) 240 €. Den Löwenanteil (bis zu 75%) dieser Summe frisst übrigens die Deutsche Bundesbahn. Jedoch gibt es zahlreiche Möglichkeiten, den Preis für die Fahrkarte unter dem Normaltarif zu halten. Der deutsche Streckenanteil beispielsweise kostet mit Bahncard nur die Hälfte. Ähnlich kann den Fahrpreis reduzieren, wer die Rückreise frühestens an einem Samstag antritt. Deutliche Ermäßigungen werden auch Kindern und Jugendlichen unter 26 Jahren gewährt. Und wer mit zwei oder mehr Personen verreisen möchte, kann als »Eurominigruppe« Preisvorteile einfordern. Auskünfte über Fahrpläne und Tarife, auch für die Liege- bzw. Schlafwagen-Zuschläge, gibt die Deutsche Bundesbahn in allen deutschen Städten unter der Rufnummer 1 94 19.

Mit dem Flugzeug

Die Messestadt Bologna verfügt mit dem **Aeroporto Guglielmo Marconi** über einen zentrumsnahen Flughafen, der mit der Lufthansa von München aus und aus Stuttgart mit der Luxair angeflogen wird. Die Linie 91 der Städtischen Buslinie pendelt in kurzen Abständen zwischen Airport und Hauptbahnhof. Tickets für den Bus, die in Tabakgeschäften verkauft werden, kosten umgerechnet etwa 3,50 €. Für dieselbe Strecke im Taxi muss man mit etwa 14 € rechnen. In den Sommermonaten gibt es Charterflüge von Deutschland aus mit der Condor (Tel. 02 11/4 21 65 47) und mit der LTU nach Rimini. Die Lufthansa ist in Bologna unter 0 51/52 00 07 und die Alitalia unter 0 51/31 19 52 zu erreichen.

Auskunft

APT Emilia Romagna ■ E 22, S. 119
Piazzale Federico Fellini, 3, 47037 Rimini;
Tel. 05 41/5 38 58, Fax 2 46 00;
www.apt.emilia.romagna.it,
www.emiliaromagnaturismo.it
Die Auskunftsstellen der einzelnen Orte sind in den Serviceabschnitten der Ortskapitel angegeben.

Staatliches Italienisches Fremdenverkehrsbüro ENIT
In Deutschland
- Kaiserstr. 65, 60329 Frankfurt/M.; Tel. 0 69/23 74 30, Fax 23 28 94
- Berliner Allee 26, 40212 Düsseldorf; Tel. 02 11/13 22 31, Fax 14 40 94
- Goethestr. 20, 80336 München; Tel. 0 89/53 03 60, Fax 53 45 27

In Österreich
Kärntner Ring 4, 1010 Wien;
Tel. 01/65 43 74, Fax 5 05 02 48

In der Schweiz
Uraniastr. 32, 8001 Zürich;
Tel. 01/2 11 36 33, Fax 2 11 38 85

Bevölkerung

Jeder 14. Italiener lebt in der Emilia Romagna, insgesamt fast vier Millionen. Die Bevölkerungsdichte entspricht mit 178 Einwohnern auf jedem der 22 124 qkm der Region in etwa dem Landesdurchschnitt (192/qkm). Ein gutes Drittel der Menschen (1,524 Mio.) ist in einer der großen Städte zu Hause. Die mit Abstand größte von ihnen ist mit rund 384 000 Einwohnern Bologna, gefolgt von Modena (175 000), Parma (167 000), Reggio (139 000), Ferrara 137 000), Ravenna (133 000) und Rimini (130 000). Weit über die Hälfte der Emiliani und Romagnoli, zur Zeit 56%, arbeiten im Dienstleistungssektor. 35% sind in der Industrie beschäftigt. In der Landwirtschaft, die das Bild der Region so prägt, arbeiten nur etwas über 9%.

Camping

An der Küste, in den Bergen und im Umkreis der größeren Städte gibt es ausreichend Campingplätze. Auskünfte erteilen alle **ADAC**-Stellen sowie der
Deutsche Campingclub
Mandlstr. 28, 80802 München;
Tel. 0 89/33 40 21
Schriftliche Informationen direkt aus der Emilia Romagna:
Assocamping
nördlich ■ c 1, Klappe hinten
Via dell'Arcoveggio, 80, 40129 Bologna,
oder
FAITA Emilia Romagna ■ C 20, S. 116
Via C. Ricci, 29, 48100 Ravenna

Diplomatische Vertretungen

Deutsches Konsulat
- Strada Maggiore, 29, 40125 Bologna; ■ e 4, Klappe hinten
  Tel. 0 51/22 56 58
- Via S, Chiara, 10, 47037 Rimini; ■ E 22, S. 119
  Tel. 05 41/78 53 72

Österreichisches Konsulat
■ c 4, Klappe hinten
Via Ugo Bassi, 13, 40125 Bologna;
Tel. 0 51/23 75 06

Schweizer Konsulat
■ b 5, Klappe hinten
Via Saragozza, 12, 40125 Bologna;
Tel. 0 51/33 13 06

Einkaufen

Die bekanntesten Produkte aus der Region sind kulinarische Meisterwerke und nur begrenzt haltbar. Das bedeutet keineswegs, dass man sie nicht mit nach Hause nehmen sollte. Da Liebe durch den Magen geht, wäre es sogar ganz sinnvoll, Ihre Zuneigung zur Emilia Romagna daheim aufzufrischen. **Prosciutto di Parma** oder **culatello** halten bei sorgfältiger Verpackung im Stück garantiert länger als nur ein paar Tage. Schwieriger wird es mit frischer **pasta**. Die sollten Sie Ihren Freunden am besten gleich zur ersten Urlaubsschwärmerei auftischen.

Am **Parmigiano-Reggiano** hält die Freude dagegen länger. Richtig aufbewahrt, können Sie ihn noch Monate nach Ihrer Heimkehr über Ihre Pasta reiben. Die schokoladenschwere **Torta Barozzi** aus Vignola sollte dann allerdings schon aufgegessen sein. Aber die Überlebensdauer solch süßer Versuchungen ist erfahrungsgemäß ohnehin gering ...

Andere Produkte wiederum können Sie aufheben. Unter Gourmets hat zum Beispiel das kalt gepresste **Olivenöl** aus Brisighella einen ausgezeichneten Ruf. Noch edler ist der schwarzbraune **aceto balsamico** aus Modena, der von Herstellern und Feinkostläden nur in kleinsten Abfüllungen verkauft wird. Und selbst dafür müssen Sie Spendierhosen anhaben. 100 Milliliter können bis zu 100 € kosten. Wesentlich günstiger kommt da der **Nocino**, ein Walnusslikör aus der Gegend von Reggio. Und natürlich gibt es auch Mitbringsel, die die Magensäfte in Ruhe lassen. Immerhin noch mit dem Esstisch zu tun haben die Rostdrucke aus der Romagna. Vor allem in Gambettola finden sich noch einige wenige Betriebe, die wertvolles Naturleinen mit traditionellen Motiven bestempeln.

Traditionelles Kunsthandwerk

Für den alltäglichen Gebrauch fast zu schade ist dagegen die berühmte Keramik aus Faenza, die der Fayence den Namen gab. Überall in der Stadt werden Sie Werkstätten finden, die Teller, Schalen und Kacheln mit historischen Darstellungen schmücken. Typisch ist übrigens auch die Keramik aus Ferrara. Im Gegensatz zu Faenza arbeitet sie mit der so genannten Sgraffito-Technik: Mit feinen Linien wird die Zeichnung in den Ton eingeritzt und das Gefäß oder der Teller anschließend bemalt. Schließlich gehören die Mosaike in Ravenna zu den Kunsthandwerken, die in mitunter hoher (und dann leider auch ziemlich teurer) Qualität eine lokale Tradition fortsetzen. Künstlerischen Wert haben für ihre Fans auch die Karosserien von Ferrari. Aber auch wer in den roten Flitzern aus Maranello einfach nur schöne Autos sieht, wird sich freuen, wenigstens kleine Modelle von dem ein oder anderen Traumwagen zu besitzen. Der Museumsshop in Maranello verkauft außerdem T-Shirts, jede Menge Literatur und das todschicke Ferrari-Fahrrad.

Aber eigentlich sind Sie ja nicht wegen solcher Kinkerlitzchen nach Italien gekommen. Sie wollen vielmehr Ihre Einblicke in die neuesten Modetrends mit eher preiswerten Einkäufen daheim unter Beweis stellen. Bitteschön: Unter den Arkaden in den Innenstädten tun sich wahre Fundgruben auf. Am gediegensten kaufen Sie wahrscheinlich in Parma ein, das landesweit als eine der elegantesten Städte Italiens gilt.

Feste und Festspiele

Januar

La Notte del Bisò in Faenza

Zur »Nacht des Glühweins« vor dem Dreikönigstag wird auf der Piazza del Popolo in Faenza aufgetischt, was die Romagna kulinarisch zu bieten hat.

Februar

Karneval in Cento

Wenige wissen, dass Fasching auch in der Emilia Romagna die fünfte Saison ist. In Cento gibt es einen sehenswerten Maskenumzug.

März

Nacht von Rocca San Casciano

Seit Menschengedenken begrüßen zwei Ortsteile dieses Städtchens über Forli den Frühling mit einem Wettstreit um das schönste Osterfeuer.

April

Fiera del libro per ragazzi

Bolognas große Kinder- und Jugendbuch-Messe hat in Fachkreisen einen sehr guten Ruf.

! MERIAN-Tipp

Calzature Roveri Maßschuhe zu einem überraschend günstigen Preis: In Bologna, dem Boston Italiens, gibt es ein paar unscheinbare kleine Werkstätten, die Ihnen das Leder auf den Fuß nähen. Voraussetzung ist allerdings, dass Sie ein bisschen Zeit mitbringen. Denn zwischen der ersten »Maßnahme« und dem fertigen Schuh liegen rund drei Wochen. Der vielleicht beste Schuhmacher heißt Giancarlo Roveri und sitzt im Universitätsviertel. Er liebt sein edles Handwerk und strahlt mindestens so wie Sie, wenn Sie das erste Mal in Ihren neuen Schuh schlüpfen. Via S. Vitale, 42, Bologna; Tel. 0 51/23 88 01

■ e 4, Klappe hinten

Kirschblütenfest

Vignola, das vom größten Kirschanbaugebiet Italiens umgeben wird, feiert die rosafarbene Frühlingspracht.

Gran Premio di San Marino

Am letzten Aprilsonntag röhren die Motoren beim Weltmeisterschaftslauf auf der Formel-1-Strecke von Imola.

Mai

Palio di San Giorgio

Seit 1279 messen sich Ferraras acht Stadtviertel im ältesten Palio Italiens.

Fest der Mathilde

In Quattro Fontane bei Canossa stellt ein Kostümumzug Mathildes Krönung durch Heinrich V. nach.

Juni

Pavarotti International

Selbstinszenierung des großen Tenors, die mit Pferderennen beginnt und mit einem gewaltigen Crossover-Konzert mit internationalen Rock-Stars ihren Höhepunkt findet. Modena

Corpus Christi in Chiaravalle

Die Mönche der uralten Abtei legen zu Fronleichnam herrliche Blütenteppiche.

Internationaler Wettbewerb der Verdi-Stimmen

In Bussetos Teatro Verdi werden die besten jungen Interpreten des Maestro ermittelt.

Sagra di San Giovanni

Volksfest in Spilamberto bei Modena um den Aceto Balsamico.

Juli

Ferrara Musica

Dirigent Claudio Abbado holt hochkarätige Ensembles ins Castello Estense.

Ravenna in Festival
Pultmeister Ricardo Muti macht seiner Nachbarstadt Konkurrenz.

August
Buskers Festival
Straßenmusikanten aus aller Welt verwandeln Ferrara in der letzten Woche des Monats in eine tönende Parade der offenen Hüte. 8

September
Fest der Gastfreundschaft
Der alte Weinort Bertinoro, in dem man sich traditionell um die Bewirtung und Beherbergung seiner Gäste streitet, macht am ersten Monatswochenende aus diesem Zwist eine Tugend.

Wahl der Miss Italia
Der Kurpalast von Salsomaggiore Terme ist Austragungsort dieses unfreiwillig komischen Wettbewerbs. Alle Regionen Italiens und eine unübersichtliche Anzahl von Sponsoren zerren ihre Schönsten vor ein Millionenpublikum.

Oktober
Trüffelfest
In Dovadola südlich von Forli muss natürlich die Ernte des Edelpilzes gebührend gefeiert werden.

Feiertage

1. Jan.	Neujahrstag
6. Jan.	Erscheinungsfest
25. April	Tag der Befreiung vom Faschismus
Ostern	
1. Mai	Tag der Arbeit
1. So im Juni	Tag der Republik
15. Aug.	Ferragosto, Mariä Himmelfahrt
1. Nov.	Allerheiligen
1. So im Nov.	Tag der Einheit
8. Dez.	Mariä Empfängnis
25. Dez.	Weihnachten

Funk und Fernsehen

Beim Spiel mit dem Programmknopf an italienischen Radios wird man zum einen meinen, dass es kaum eine Frequenz gibt, die nicht von mindestens zwei Sendern besetzt ist, und zum andern, dass beide entweder Werbung oder Eros Ramazzotti spielen. Wer in diesem Wirrwarr nach der Deutschen Welle sucht, ist selber schuld. Auf das Neueste aus der Bundesliga braucht man dennoch nicht zu verzichten: Ins Satellitenprogramm der meisten Hotels ist zumindest SAT 1 eingespeist; manchmal auch das ZDF.

! MERIAN-Tipp

Sposalizio del Mare Seit 1445, im Jahr 2004 also zum 560. Mal, fährt der Bischof von Cervia an Himmelfahrt an der Spitze einer riesigen Bootsprozession hinaus aufs Meer, um dort einen Ring ins Wasser zu werfen. Zahllose Menschen stürzen sich hinterher, um das Schmuckstück aus dem Wasser zu bergen. Was das soll? Die vom Fischfang und Salzgewinnung abhängige Gemeinde will sich in einer für die katholische Kirche arg abergläubischen Aktion »mit dem Meer vermählen«. Und den Ring im nächsten Jahr wieder verwenden. Drumherum gibt's ein tolles Volksfest. Nähere Informationen bekommen Sie bei der IAT-Cervia, Viale Roma, 86, 48015 Cervia; Tel. 05 44/97 44 00; www.comunecervia.it

■ D 21, S. 119

Geld

Seit dem 1. Januar 1999 sind die Umrechnungskurse zwischen den Währungen der Mitgliedsstaaten der Europäischen Währungsunion und dem Euro festgelegt. Preise sind in diesem Reiseführer durchgängig in Euro angegeben.

Die **Banken** sind in der Regel Mo–Fr von 8.30–13.30 und von 14.35– 15.35 Uhr geöffnet. Geldautomaten, so genannte **bancomat**, findet man in jeder Stadt und an den großen Tankstellen entlang der Autobahnen. Ärgerlicherweise ist das System wohl noch nicht völlig ausgereift, denn nicht jeder **bancomat** funktioniert. Außerdem können Sie mit Ihrer Karte plus Geheimzahl gewöhnlich höchstens 150 € pro Tag abheben. Positiv ist zu vermerken, dass die meisten von ihnen auf entsprechenden Knopfdruck deutsch parlieren.

Der bargeldlose Zahlungsverkehr hat in Italien zwar noch nicht den ganz großen Durchbruch geschafft, doch in den größeren Hotels, Läden und Restaurants werden die gängigen **Kreditkarten** akzeptiert.

Kassenzettel

Achten Sie darauf, dass man Ihnen bei allen Einkäufen einen **scontrino fiscale** aushändigt. Bei Kontrollen durch die **Guardia di Finanza** (Finanzpolizei) können Sie noch an der nächsten Straßenecke aufgefordert werden, diesen Beleg vorzuzeigen.

Kleidung

In kurzen Hosen oder mit dürftig bekleidetem Oberkörper ist es nicht gestattet, Kirchen zu betreten. Ansonsten müssen Besucher in als provozierend empfundenem Outfit damit rechnen, vom Küster am Portal des Gotteshauses zurückgewiesen zu werden. Ein Bußgeld wird auch von Personen verlangt, die in Städten im Bikini oder in der Badehose herumlaufen. Entlang der Promenaden an der Adria wird natürlich ein Auge zugedrückt. Wer aber in Ferrara den Dresscode von Milano Marittima anwendet, darf mit keiner Gnade rechnen. Nacktbaden ist an den öffentlichen Stränden übrigens verboten. FKK-Zonen sind entsprechend gekennzeichnet.

Kochschulen

Die emilianische Küche ist raffiniert, aber nicht übermäßig kompliziert. Mit nur einem kleinen bisschen Begabung lassen sich die Grundbegriffe und die besten Rezepte schnell erlernen. Eine hervorragende Lehrerin ist die Amerikanerin Mary Beth Clark, die ihre Kochschule im Epizentrum der italienischen Gastronomie platziert hat, in Bologna. Die Kontaktadresse lautet:

Nebenkosten
in Euro

1 Tasse Cappuccino	1,50
1 Glas Rotwein	2,50
1 Cola	2,00
1 Brot (ca. 500 g)	1,30
1 Schachtel Zigaretten	3,20
1 Liter Benzin	1,20
Fahrt mit öffentl. Verkehrsmitteln (Einzelfahrt)	1,10
Mietwagen/Tag	100,00

International Cooking School of Italian Wine and Food, One IBM Plaza, 330 N. Wabash #3005, Chicago, IL 60611; Tel. 001/312/7 26 45 45, Fax 8 03 15 93; www.theinternationalkitchen.com/bologna.htm.

Für eine vier- bis fünfstündige Einführung in die Kochkunst der Region besuche man die **Corsi di Cucina con Magherita e Valeria**, Via San Felice 116, 40125 Bologna; Tel. 0 51/55 44 94, Fax 52 37 71. Selbst wenn man kein Italienisch versteht, bringen einen die Kurse der beiden Damen weiter, weil sie einen Einblick in die Technik der emilianischen Küche bieten.

In Forli existiert eine weitere gute Schule, die ihren Hörern alles Wissenwerte über Pasta beibringt. Interessenten wenden sich an **I Sapori**, Piazzale della Vittoria 1, 47100 Forli; Tel. 05 43/3 57 70.

Medizinische Versorgung

Vor der Abreise ist es ratsam, sich bei der Krankenkasse einen Auslandskrankenschein für Italien zu besorgen. Seit der Gesundheitsreform empfiehlt es sich zudem, eine private Auslandskrankenversicherung abzuschließen. Bei der Behandlung auf private Kosten kann man die Rechnung später zu Hause bei der Krankenkasse einreichen. Der medizinische Notdienst (**pronto soccorso**) sichert im Notfall eine kostenlose Notbehandlung.

Apotheken sind im Allgemeinen von 9–12 und 16–19 Uhr geöffnet. **Farmacie**, die außerhalb dieser Zeiten Dienst tun, zeigen dies mit einem Schild an, auf dem **turno** steht. Rezeptfrei geben die Apotheken **compresse** (Tabletten) gegen folgende Malaisen aus:
dolori (Schmerzen)
tosse (Husten)
raffreddore (Schnupfen)
influenza (Grippe)
mal di gola (Halsschmerzen)
mal di denti (Zahnschmerzen)
mal di mare (Seekrankheit)
mal di testa (Kopfweh)
lassativo (Abführmittel)
farmaco contro diarrea (Arznei gegen Durchfall)

Notruf

Polizei Tel. 1 13
Carabinieri Tel. 1 12
Feuerwehr Tel. 1 15
Straßennotdienst Tel. 1 16

Öffnungszeiten

Läden öffnen in der Regel morgens zwischen 8 und 10 Uhr, haben von 12 oder 13 bis 15 oder 16 Uhr Mittagspause und schließen abends um 18, 19 oder 20 Uhr. Selbst geöffnete Tankstellen muss man zwischen 12 und 15 Uhr suchen. Mit Kirchen und Museen sieht es nicht anders aus. Die Gotteshäuser halten meist von 8 bis 12 und von 16 bis 19 Uhr offen; viele Galerien machen nach 13 Uhr sogar überhaupt nicht mehr auf. Fest steht also nur: In der Mittagszeit sind die Türen überall geschlossen, und es wird Ihnen kaum etwas anderes übrig bleiben als ein Mittagessen plus landesüblicher Siesta. In jedem Fall ist bei Besichtigungstouren ein früher Aufbruch ratsam, damit Sie vor Ort nicht auf allzu viele Schilder mit der Aufschrift »chiuso« stehen.

Politik

Die Emilia Romagna ist traditionell eine rote Region. Fast alle Städte und Kommunen werden seit dem Zweiten Weltkrieg von Kommunisten oder Sozialisten regiert. Aber schon zuvor galten gerade die Romagnoli als revolutionär und antiklerikal. Gern werden die Vornamen der Großväter zitiert, die sie mit der entsprechenden Gesinnung in die Wiege gelegt bekamen. Inzwischen liegen die meisten dieser womöglich doch noch gottesfürchtigen Männer begraben, die Ateo (Atheist) oder Ribelle (Rebell) hießen. Dass ausgerechnet die Romagna Heimat des braunen Diktators Benito Mussolini war, scheint da ein tragischer Treppenwitz der Geschichte.

Heute gibt sich die Region gemäßigter, ja geradezu vernünftig. Die roten Regierungen haben hier ein Klima geschaffen, das von einer ausgeglichenen Gesellschaft und einer erstaunlich profitablen Produktivität geprägt ist. Es ist wohl gerade das Genossenschaftswesen, das dieses Klima begünstigt hat. Denn ausgestattet mit Menschen, die das Prinzip nicht zur Untätigkeit ausnutzen, sondern mit Fleiß und Ideen vorwärts treiben, gerieten die Genossenschaften zu boomenden Unternehmen, in denen der Einzelne etwas gilt.

Die Mafia hat in diesen profitorientierten Solidargemeinschaften nie Fuß fassen können, wohl aber betriebswirtschaftliche Innovation. Diesem Klima ist auch »Ulivo«, der Olivenbaum, entsprossen, unter dessen Krone der Wirtschaftsprofessor Romano Prodi aus Bologna ein Mitte-Links-Bündnis gezimmert hat, das 1995 erstmals nach dem Krieg die Konservativen von der Regierungsgewalt in Rom verdrängen konnte.

Post

Briefmarken (**francobolli**) sind bei der Post und in allen Tabakläden, **tabacchi**, erhältlich (Letztere erkennt man an einem weißen »T« auf blauem Grund). Die Postämter sind in der Regel von 8.45 bis 13.45 Uhr geöffnet, nur die Hauptpostämter arbeiten den ganzen Tag. Eine **Postkarte** nach Deutschland, Österreich und in die Schweiz kostet zur Zeit 40 Cent (0,4 €). Die Urlaubsgrüße sollten Sie besser schon zu Beginn des Ferienaufenthalts in die roten Briefkästen stecken, damit die Karte noch vor Ihrer Heimkehr ankommt ...

Reisedokumente

Seit der Öffnung der europäischen Grenzen unterliegen Bürger aus der EU beim Grenzübertritt zwar keiner Kontrolle mehr, doch gelegentlich werden Stichproben durchgeführt. Man sollte also immer seinen Personalausweis mitnehmen. Autofahrer sollten neben Führerschein und KFZ-Ausweis die grüne Versicherungskarte einstecken.

Reisewetter

Als geografisch vielseitige Region hat die Emilia Romagna auch kein einheitliches Klima. In der feuchten Ebene sind die Sommer schwül, die Winter neblig. Die Sichtweiten im November in Modena würden bei jedem Londoner Heimatgefühle wachrufen. Südlich der Via Aemilia klart die Luft auf, sobald man etwas höher steigt. Je näher man dem Kamm der Berge rückt, der die Region gegen Ligurien, Toskana und Marken abgrenzt, umso frischer wird es werden. Hier fällt zur kalten Jahreszeit eine Menge Schnee, der die Berge in den Appennino bianco, den weißen Apennin, verwandelt, eine Landschaft mit ausgezeichneten Wintersportmöglichkeiten. An der Küste sind Juli und August mit Durchschnittstemperaturen um die 27 °C die heißesten und weitgehend sonnensicheren Monate. Der Wonnemonat für Kulturtouristen ist auch in dieser Region der Mai, dicht gefolgt von Juni und September.

Sprache

Man spricht Deutsch. Seit der Zeit der großen Urlauberströme von jenseits der Alpen wird unsere Sprache an der Adria fast genauso gut verstanden wie auf Mallorca. Das Herbergs- und Restaurantpersonal hat im Zweifelsfall eine Ausbildung in der Schweiz, Österreich oder Deutschland absolviert und ist womöglich selbst verantwortlich für die – nicht selten rührend komischen – deutschen Fassungen der Speisekarten und Hotelprospekte. Landeinwärts sieht es etwas anders aus, doch ist die Reaktion auf ein paar italienische Brocken und die Bereitschaft, sich mit Gesten zu verständigen, gemeinhin enthusiastisch. Wem das nicht reicht, dem sei ein Sprachkurs empfohlen, zum Beispiel in der romagnolischen Toskana. Der **Centro Culturale L'Olmo – La Scuola Verde** (Via Incisa, 33, 47010 Portico di Romagna; Tel. 05 43/96 78 36, Fax 96 78 32) fängt von Ende Mai bis Mitte Oktober jeden Montag mit einem Kurs in allen Wissensstufen an, zu ausgesprochen attraktiven Preisen. Weitere Adressen für Italienischkurse in der Emilia Romagna geben die ENIT-Büros weiter.
Sprachführer → S. 106

Stromspannung

Deutsche Schukostecker passen oft nicht in die italienischen Steckdosen. Adapter gibt es in Elektrogeschäften und Supermärkten.

Telefon

Öffentliche Telefone gibt es auf vielen Plätzen und in fast allen Bars, in den größeren Städten auch in Büros der italienischen Telefongesellschaft Telecom Italia. Fast alle öffentlichen Telefone funktionieren inzwischen mit Telefonkarten (**schede telefoniche**). Die praktischen Karten erhält man außer bei Telecom und Postämtern auch in jedem Tabakladen (**tabacchi**). Wer nach Hause telefonieren möchte, tut dies am günstigsten zum Mondscheintarif (22–7 Uhr) oder sonntags. Übrigens: Sollten Sie Ihr

Die Klimadaten von Bologna

	Januar	Februar	März	April	Mai	Juni	Juli	August	September	Oktober	November	Dezember
Durchschnittl. Temp. in °C – Tag	4,2	6,9	12,5	18,0	22,3	27,7	30,5	29,5	25,0	17,8	11,0	5,9
Durchschnittl. Temp. in °C – Nacht	0,1	1,6	5,8	10,2	14,3	18,3	20,8	20,5	17,3	11,8	6,4	1,8
Sonnenstunden pro Tag	2,5	3,7	5,0	6,1	7,6	8,5	9,1	8,5	7,0	5,0	3,2	3,1
Regentage	6	6	6	6	7	5	3	3	6	8	8	7

Quelle: Deutscher Wetterdienst, Offenbach

eigenes **Handy** mitnehmen, denken Sie an einen Adapter für Ihr Aufladegerät. Und: **Seit November 1998 muss bei Telefonaten nach Italien die 0 der örtlichen Vorwahl mitgewählt werden!**

Vorwahlnummern

I → D: 00 49
I → A: 00 43
I → CH: 00 41
D, CH → I: 00 39
A → I: 00 40

Telefonauskunft: 12
Weckdienst: 1 14
Zeitansage: 1 61

Tiere

Für die vierbeinigen Reisebegleiter benötigt man ein beglaubigtes Gesundheitszeugnis, das nicht älter als 30 Tage ist. In den öffentlichen Verkehrsmitteln sind Maulkorb und Leine Pflicht.

Trinkgeld

Taxifahrer erwarten ein Trinkgeld (**mancia**) in Höhe von etwa 10 Prozent des Fahrpreises, Gepäckträger ungefähr 1 €. In Restaurants wird die Rechnung aufgerundet, je nach Zufriedenheit sind 5 bis 10 Prozent und mehr üblich. Dabei lässt man das Trinkgeld nach dem Bezahlen auf dem kleinen Teller liegen, auf dem die Rechung überreicht wird. In Cafés lässt man ein paar Münzen auf dem Tisch liegen.

Verkehrsverbindungen

Auto

Wer nicht eine reine Städtereise plant, fährt mit dem eigenen PKW zweifellos am besten. Denn etwas abgelegenere Sehenswürdigkeiten wie die Abtei von Pomposa (→ S. 46) oder Brescello, die Heimat von Don Camillo und Peppone (→ S. 63), sind ansonsten eher umständlich zu erreichen. Die Straßen in Italien sind in der Regel gut ausgebaut. Zu beachten sind die Geschwindigkeitsvorschriften, nach denen in Städten nicht schneller als 50 km/h, auf Landstraßen 90 km/h und auf Autobahnen 130 km/h gefahren werden darf. Zu den wenigen Schwierigkeiten im italienischen Straßenverkehr zählt allerdings die häufig schlechte Ausschilderung. Hinweistafeln auf kleinere Orte erkennt man meist erst, wenn man gerade an der Abzweigung vorbeirauscht. Überdies sind viele Schilder bereits zur Unkenntlichkeit verwittert. Doch das Schauspiel einer wort- und gestenreichen Wegbeschreibung, aufgeführt von einem freundlichen Passanten am Straßenrand, mag für diesen Mangel entschädigen. Trotzdem ist gutes Kartenwerk, beispielsweise die **Carta stradale Emilia Romagna** des Florentiner Verlages LAC (4,25 €), unerlässlich. Im Übrigen brauchen Sie sich vor Draufgängertum im Straßenverkehr nicht zu fürchten. Italiener fahren – ganz entgegen ihrem schlechten Ruf – zügig, diszipliniert und aufmerksam. Und viel. Gerade auf der noch immer existenten Römertrasse der Via Aemilia, heute leider zum Weg durch ein lang gezogenes Gewerbegebiet verkommen, herrscht deshalb ständiges, zeitraubendes Stop and Go.

Leihwagen

Eine Alternative ist natürlich immer, mit Zug oder Flugzeug anzureisen, Quartier in einer der großen Städte zu nehmen und für Spritztouren einen Wagen anzumieten. Die einschlägigen Firmen sind in den großen Städten vertreten und vermieten Autos zu etwas höheren Preisen als hier zu Lande. Bisweilen sind die Konditionen günstiger, wenn die Reservierung schon vom Heimatland aus vorgenommen wird.

Öffentliche Verkehrsmittel

Die Bahn ist ein relativ preiswertes und inzwischen auch recht zuverlässiges Verkehrsmittel für Reisen in der Emilia Romagna. Entlang der antiken Via Aemilia verkehren komfortable Express- und Schnellzüge in kurzen Abständen zwischen Piacenza und Rimini.

Regionalzüge ins Hinterland fahren hingegen seltener. Hier werden meist Busse eingesetzt, die zu den Stoßzeiten vor allem Berufstätige transportieren. Die Busstationen liegen in der Regel in unmittelbarer Nähe der Bahnhöfe. Wen die Abhängigkeit von festen Fahrplänen und mangelnde Bewegungsfreiheit nicht stören, für den bieten Busse und Bahnen eine angenehme Art des Reisens, bei der man etwas mehr von der Landschaft sieht.

Eine ungewöhnliche Regelung sollten Bahnfahrer jedoch beachten: Seit einiger Zeit muss die Fahrkarte vor Fahrtantritt in einem ziemlich unscheinbaren Automaten vor Betreten der Gleise abgestempelt werden. Wer das vergisst, kann bei Kontrolle nur den ahnungslosen Fremden mimen und hoffen ...

Fahrrad

In der Emilia Romagna sieht man – sogar für italienische Verhältnisse – außergewöhnlich viele Fahrräder. Das Radeln ist in dieser Region sicherlich die am weitesten verbreitete Fortbewegungsart. In der nördlichen Landeshälfte, in der Fläche der Po-Ebene, tritt man ohne große Anstrengungen in die Pedale. In der südlichen Landeshälfte kommt man dagegen eher ins Schwitzen. Die Steigungen im Apennin sind eine durchaus sportliche Anforderung, der man sich nicht ohne die entsprechende Ausrüstung stellen sollte.

Besonders vergnüglich ist es übrigens, Stadtrundfahrten mit dem Rad zu unternehmen. Die örtlichen Fremdenverkehrsämter nennen Stellen, die Fahrräder vermieten.

Wirtschaft

Die Emilia Romagna ist der gesündeste Wirtschaftsraum Italiens und hat auch das höchste Pro-Kopf-Einkommen. Mehr als jeder zweite Bewohner arbeitet im Dienstleistungsbereich, unter anderem im Tourismus – einem ganz bedeutenden

Entfernungen (in km) in der Emilia Romagna

	Bologna	Carpi	Dozza	Ferrara	Maranello	Modena	Parma	Piacenza	Ravenna	Rimini
Bologna	–	66	30	49	49	39	86	150	81	112
Carpi	66	–	96	75	35	18	54	114	138	169
Dozza	30	96	–	79	79	69	116	180	66	83
Ferrara	49	75	79	–	93	83	130	190	74	125
Maranello	49	35	79	93	–	17	64	124	130	161
Modena	39	18	69	83	17	–	47	107	117	158
Parma	86	54	116	130	64	47	–	60	176	198
Piacenza	150	114	180	190	124	107	60	–	229	258
Ravenna	81	138	66	74	130	117	176	229	–	51
Rimini	112	169	83	125	161	158	198	258	51	–

Wirtschaftsfaktor der Region. Über 45 Mio. Übernachtungen pro Jahr werden hier verzeichnet, davon nach wie vor 90 Prozent an der Küste. Doch auch die Kulturstädte profitieren inzwischen in der Reisezeit von der steigenden diesbezüglichen Aufmerksamkeit für die Emilia Romagna. Auch mit der wachsenden Zahl publikumsstarker Messen und Kongresse können die Kapazitäten an Gästebetten genutzt werden. Und mit dem Agriturismo verbindet sich die Reiseindustrie mit der Landwirtschaft. An die 10 Prozent der arbeitenden Bevölkerung sind im Agrarbereich tätig, deren bedeutendste Produkte den Nimbus der Region als lukullische Landschaft stärken. Parmigiano-Reggiano und Parmaschinken sind Exportschlager, die das Bruttosozialprodukt der Emilia Romagna sicherlich stärker anheben als alle Ferraris aus Maranello.

Die meisten der emsigen Menschen zwischen Piacenza und Rimini aber arbeiten in der florierenden Industrie der Region, aus der vor allem Lederwaren (Parma und San Mauro Pascoli), Strickwaren (Carpi), Fliesen und Luxuskarosserien (Modena) und High Tech (Bologna) Weltruf genießen.

Zigaretten

In Italien werden Sie die gewohnten Zigarettenautomaten vergeblich suchen. Die Glimmstängel sind nur in den Tabacchi-Läden erhältlich, die Sie gottlob an jeder Ecke finden. Nach Ladenschluss jedoch gerät die Suchtbefriedigung etwas mühsamer. Möglicherweise werden Sie in dem einen oder anderen Hotel oder Restaurant fündig, wo Sie allerdings für das Päckchen einen Aufschlag berappen müssen.

Zoll

Mit der Einführung des EU-Binnenmarktes sind die Zollkontrollen an den Binnengrenzen der Europäischen Union entfallen (nicht jedoch etwaige Sicherheitskontrollen). Mengenmäßige Ein- und Ausfuhrbeschränkungen für Tabak, Alkohol etc. gibt es somit in der EU nicht mehr, wenn die Waren ausschließlich für den Privatgebrauch bestimmt sind.

Seit dem 1. Juli 1999 besteht innerhalb der EU-Länder keine Möglichkeit mehr zum zollfreien Einkauf. Für Schweizer gelten folgende Mengenbeschränkungen: 200 Zigaretten oder 100 Zigarillos oder 50 Zigarren oder 250 g Tabak, 1 l Spirituosen oder 2 l Likör und 2 l Wein; 50 g Parfüm oder 0,25 l Eau de Toilette.

Eine runde Sache: Das vielleicht beliebteste Exportprodukt aus der Emilia ist der Parmigiano-Reggiano.

Geschichte auf einen Blick

1000 v. Chr.
Die eisenzeitliche Villanova-Kultur blüht nahe dem heutigen Bologna.

Ab 800 v. Chr.
Etrusker siedeln in der Gegend an.

Etwa 600 v. Chr.
Die Etrusker gründen Felsina an der Stelle des heutigen Bologna.

Etwa 350 v. Chr.
Felsina wird keltisch und in Boion umbenannt.

268 v. Chr.
Die Römer gründen Ariminum, das heutige Rimini.

220 v. Chr.
Die von Rom kommende Via Flaminia wird bis Ariminum ausgebaut.

218 v. Chr.
Gründung von Placentia (Piacenza).

189 v. Chr.
Die Römer gründen Bononia, das spätere Bologna.

187 v. Chr.
Prokonsul Marcus Aemilius Lepidus lässt die nach ihm benannte Heerstraße von Ariminum nach Placentia anlegen.

183 v. Chr.
Mutina (Modena) und Julia (Parma) werden gegründet.

402 n. Chr.
Ravenna löst Rom als Hauptstadt des Weströmischen Reiches ab.

476
Die Westgoten erobern Ravenna.

493
Theoderich macht Ravenna zur Hauptstadt des Ostgotenreiches.

527
Nach dem Tod Theoderichs macht Justinian, der Herrscher von Konstantinopel, Ravenna zur Hauptstadt des oströmischen Exarchats.

751
Die Langobarden erobern Ravenna.

754
Die Franken vertreiben die Langobarden und überlassen das ehemalige Exarchat dem Papst: »Pippinsche Schenkung«.

26. Januar 1077
»Gang nach Canossa«: König Heinrich IV. kann den Investiturstreit vorläufig mit seinem Kniefall vor Papst Gregor VII. beenden.

Um 1088
In Bologna wird Europas erste Universität gegründet.

1099
Baubeginn am Dom in Modena.

um 1150
Keramik aus Faenza ist in Mode.

1196
Antelami beginnt den Bau der Taufkapelle in Parma.

ab 1250
Signorienherrschaft in den Stadtrepubliken.

14. September 1321
Dante Alighieri stirbt in Ravenna.

1376
Das Bologneser Stadtstatut erlaubt die Herstellung von Mortadella nur aus Schweinefleisch.

1500
Cesare Borgia stürzt die Malatesta in Rimini und vervollständigt damit sein »Herzogtum Romagna«.

1545
Der Farnese-Papst Paul III. gründet für seine Familie das Herzogtum Parma und Piacenza.

1589
Nach dem Tod Alfonso II. Este fällt Ferrara an den Kirchenstaat. Die Herrschaft der Este reduziert sich auf Modena, Reggio und Carpi.

1754
Raffaels »Sixtinische Madonna« wird aus Piacenza nach Dresden verkauft.

1796/1797
Als Reaktion auf Napoleons Eroberung erklären sich Bologna, Ferrara, Modena und Reggio zur »Cispadanischen Republik«. Revolutionäre hissen am 7. Jan. 1797 in Reggio erstmals die »Tricolore«.

10. Oktober 1813
Giuseppe Verdi wird in Roncole bei Parma geboren.

1815
Der Wiener Kongress schlägt Oberitalien größtenteils Österreich zu.

1819–1821
Lord Byron lebt in Ravenna.

1839
Der französische Dichter Stendhal veröffentlicht »Die Kartause von Parma«.

30. Juli 1843
Die erste Badeanstalt in Rimini wird eingerichtet.

1861
Das geeinte Italien wird Königreich unter Viktor Emanuel.

29. Juli 1883
Benito Mussolini wird in Predappio bei Forli geboren.

1896
In Imola gewinnen Sozialisten erstmals in Italien eine Stadtregierung.

1929
Enzo Ferrari gründet in Modena seine Autofirma.

1944
Beim Kampf um die »Linea Gotica« fallen Bomben auf viele Städte der Region. Die SS begeht Gräueltaten, auch an den »Sippen« der antifaschistischen Partisanen.

1946
Italien wird Republik.

1948
Giovanni Guareschi schreibt »Don Camillo und Peppone«.

18. Juni 1964
Alberto Morandi, Italiens Meister des Stillebens, stirbt bei Bologna.

1974
Federico Fellini (1920–1995) setzt seiner Heimatstadt Rimini mit »Amarcord« ein filmisches Denkmal.

1975
Bernardo Bertolucci dreht in der Poebene bei Parma das Familienepos »1900«

2. August 1980
Ein rechtsterroristischer Bombenanschlag auf den Bahnhof von Bologna fordert 85 Todesopfer.

Juli 1999
Erstmals seit 54 Jahren siegt bei den Kommunalwahlen im »roten« Bologna eine Koalition der rechten Mitte. Bürgermeister wird der parteilose Giorgio Guazzaloca.

2000
Bologna ist Kulturhauptstadt der Europäischen Union.

Wichtige Wörter und Ausdrücke

Ja	*si*
Nein	*no*
Bitte	*per favore, per piacere*
Und	*e*
Wie bitte?	*prego, come?*
Ich verstehe nicht	*non capisco*
Entschuldigung, entschuldigen Sie	*scusa, scusi*
Guten Morgen, guten Tag	*buon giorno*
Guten Abend	*buona sera* (sagt man in Italien schon nachmittags)
Gute Nacht	*buona notte*
Hallo	*ciao*
Ich heiße ...	*mi chiamo ...*
Ich komme aus ...	*(io) vengo da ...*
Wie geht's?	*come va?*
Danke, gut	*bene, grazie*
Wer, was, welcher	*chi, (che) cosa, quale*
Wie viel	*quanto*
Wo ist?	*dov'è?*
Wann	*quando*
Wie lange	*per quanto tempo*
Sprechen Sie Deutsch?	*Lei parla tedesco?*
Auf Wiedersehen	*arrivederci*
Heute	*oggi*
Morgen	*domani*

Zahlen

null	*zero*
eins	*uno*
zwei	*due*
drei	*tre*
vier	*quattro*
fünf	*cinque*
sechs	*sei*
sieben	*sette*
acht	*otto*
neun	*nove*
zehn	*dieci*
hundert	*cento*
tausend	*mille*
zehntausend	*diecimila*
hunderttausend	*centomila*

Wochentage

Montag	*lunedì*
Dienstag	*martedì*
Mittwoch	*mercoledì*
Donnerstag	*giovedì*
Freitag	*venerdì*
Samstag	*sabato*
Sonntag	*domenica*

Mit und ohne Auto unterwegs

Wie weit ist es nach ...?	*Quanto è distante ...?*
Wie kommt man nach ...?	*Come si arriva a ...?*
Wo ist ...	*Dov'è ...*
– die nächste Werkstatt?	*– l'officina più vicina?*
– der Bahnhof/ Busbahnhof?	*– la stazione/ stazione del pullman (autobus)*
– die nächste Bus-Station?	*– la fermata del pullman (autobus) più vicina?*
– der Flughafen?	*– l'aeroporto?*
– die Touristeninformation?	*– l'ufficio turistico?*
– die nächste Bank?	*– la banca più vicina?*
– die nächste Tankstelle?	*– il distributore di benzina?*
Wo finde ich	*Dove trovo*
– einen Arzt?	*– un medico?*
– eine Apotheke?	*– una farmacia?*
Bitte voll tanken	*Per favore, il pieno di benzina*
Super	*benzina super*
Bleifrei	*senza piombo/ benzina verde*
Diesel	*diesel*
Mischung	*miscela per motocicli*

rechts	*destra*
links	*sinistra*
geradeaus	*diritto*
Ich möchte ein Auto/ein Fahrrad mieten	*Vorrei noleggiare un automobile/una bicicletta*
Wir hatten einen Unfall	*Abbiamo avuto un incidente*
Bitte eine Fahrkarte nach ...	*Per favore, un biglietto per ...*
Hin und zurück	*andata e ritorno*
Wo ist bitte die nächste Bank?	*Dov'è la banca più vicina, per favore?*

Hotel

Ich suche ein Hotel	*Cerco un albergo*
Ich suche ein Zimmer für ... Personen	*Cerco una camera per ... persone*
Haben Sie noch ein Zimmer frei?	*Lei ha ancora una camera libera?*
– für eine Nacht	*– per una notte*
– für zwei Tage	*– per due giorni*
– für eine Woche	*– per una settimana*
Ich habe ein Zimmer reserviert	*Ho prenotato una camera*
Wie viel kostet das Zimmer?	*Quanto costa (la camera)?*
– mit Frühstück	*– con prima (piccola) colazione*
– mit Halbpension	*– con mezza pensione*
Kann ich das Zimmer sehen?	*Posso vedere la camera?*
Ich nehme das Zimmer	*Si, la prendo*
Kann ich mit Kreditkarte zahlen?	*Posso pagare con la carta di credito?*
Haben Sie noch Platz für ein Zelt/einen Wohnwagen?	*C'è ancora posto per una tenda/una roulotte?*

Restaurant

Die Speisekarte bitte	*La lista delle vivande (il menu), per favore*
Die Rechnung bitte	*Il conto, per favore*
Ich hätte gern einen Kaffee	*Vorrei un caffè*
Wo finde ich die Toiletten? (Damen/Herren)	*Dove trovo i gabinetti? (Signore/Signori)*
Kellner	*cameriere*
Frühstück	*prima (piccola) colazione*
Mittagessen	*colazione (pranzo)*
Abendessen	*cena*

Einkaufen

Wo gibt es ...?	*Dov'è ...?*
Haben Sie ...?	*Lei ha ...?*
Wie viel kostet ...?	*Quanto costa ...?*
Das ist zu teuer	*Costa troppo*
Geben Sie mir bitte 100 g/ein Pfund/ein Kilo	*Per favore, mi dia un etto/mezzo chilo/un chilo*
Danke, das ist alles	*Grazie, è tutto*
Geöffnet/geschlossen	*aperto/chiuso*
Bäckerei	*fornaio, panetteria, panificio*
Konditorei	*pasticceria*
Kaufhaus	*grande magazzino*
Markt	*mercato*
Metzgerei	*macelleria*
Haushaltswaren	*negozio di casalinghi*
Lebensmittel	*negozio (generi) di alimentari*
Briefmarke(n) für einen Brief/Postkarte nach Deutschland/Österreich/Schweiz	*francobollo(i) per una lettera/cartolina per la Germania/l'Austria/la Svizzera*

A B C

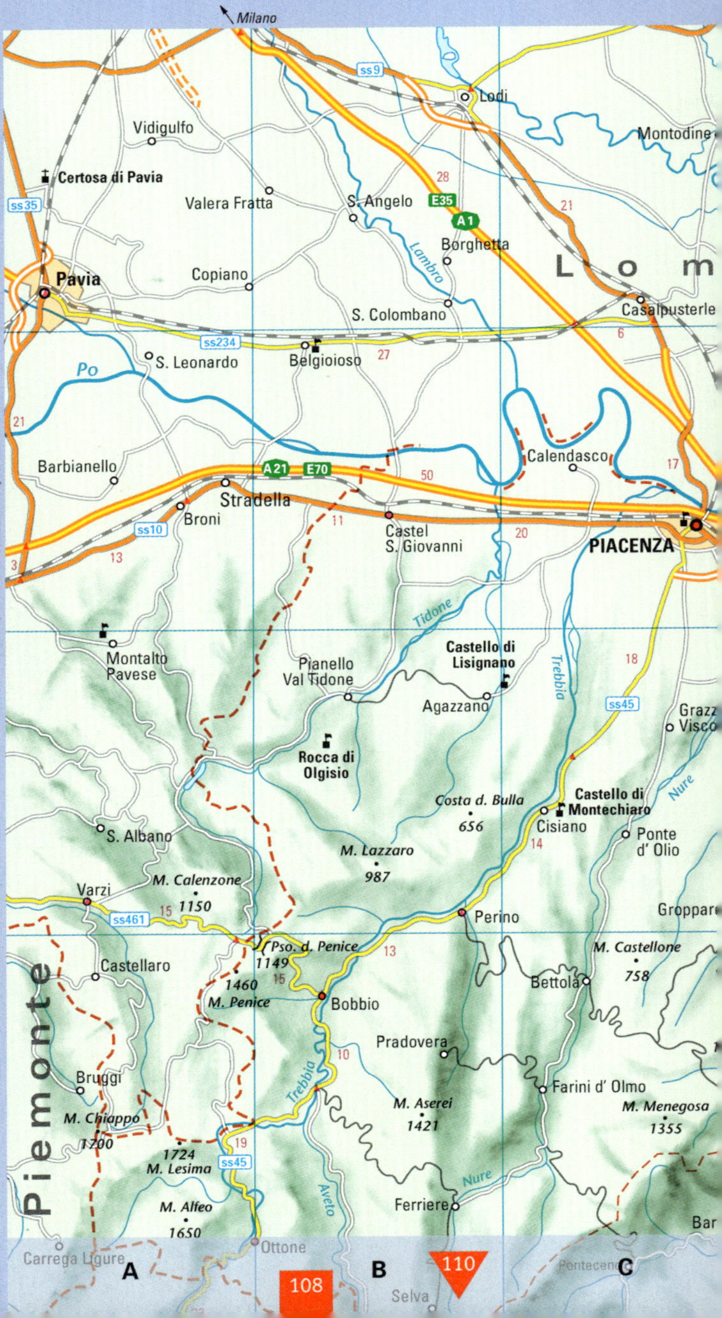

A B C

108
110

1
2
3
4

D
E
F
Brescia
1
2
3
4
Verolanouva
Castelleone
Soresina
Isorella
Oglio
Pontevico
Milzano
Gambara
A 21
Casalbuttano
ss415
E70
28
16
a r d i a
Pescarolo
Pizzighettone
ss10
Adda
44
S. Lorenzo de' Pic.
Canneto
Cremona
rno-
chio
Gazzo
Longardore
Piadena
Castelvetro
Piacentino
14
Cingia
de' Botti
16
S. Daniele
Caorso
Villanova
s. Arda
Po
A21dir
Roccabianca
12
Cortemaggiore
Polesine
Parmense
Zibello
Casalmaggiore
16
S. Agata
112
E35
A 1
Busseto
23
Sissa
Roncole
Verdi
ss9
Stirone
Colorno
Fiorenzuola
d' Arda
Chiaravalle
della Colomba
Soragna
S. Secondo
Parmense
Parma
Alseno
29
La Rocca
Taro
11
7
Vigolo
Marchese
Fontanellato
8
6
Fontevivo
ss343
stell' Arquato
Fidenza
Sorbo
5
13
Vigoleno
Noceto
10
Salsomaggiore
Terme
PARMA
A15
Castello di
Tabiano
2
5
ss62
Medesano
18
Collecchio
Pellegrino
Parm.
E31
23
M. Carameto
Ceno
Fornovo
di Taro
0
9 km
Torrechiara
Traversetolo
Bardone
20
Terenzo
M. Barigazzo
1284
111
E
109
Cassio
Langhirano
© MERIAN-Kartographie
Tel. 089.450007.272

A
B
C
5
6
7
8
108
1724
M. Lesima
ss45
M. Alfeo
1650
Aveto
Ferrie
Ba
Ottone
Carrega Ligure
Ponteceno
Selva
33
Loco
ss45
Torriglia
Appennino Ligure
Rocca Bruna
1418
M. Maggiorasca
1803
M. Pelpi
1480
Rezzoaglio
Bedonia
M. Penna
1735
Pso. la Forcella
876
Cicagna
Borzonasca
Pso. di
Cento Croci
1053
Uscio
Lavagna
25
ss225
Pso. d. Bocco
955
Varese
Liguria
1640
M. Gottero
24
26
ss1
S. Margharita
Chiavari
Lavagna
Portofino
Colle di Velva
955
8
Casarza Ligure
Sestri
68
E80
Moneglia
A12
M. Pistone
722
Cassana
Golfo di Genova
Levanto
Cinqu
Ligurian
Sea
N
0
9 km

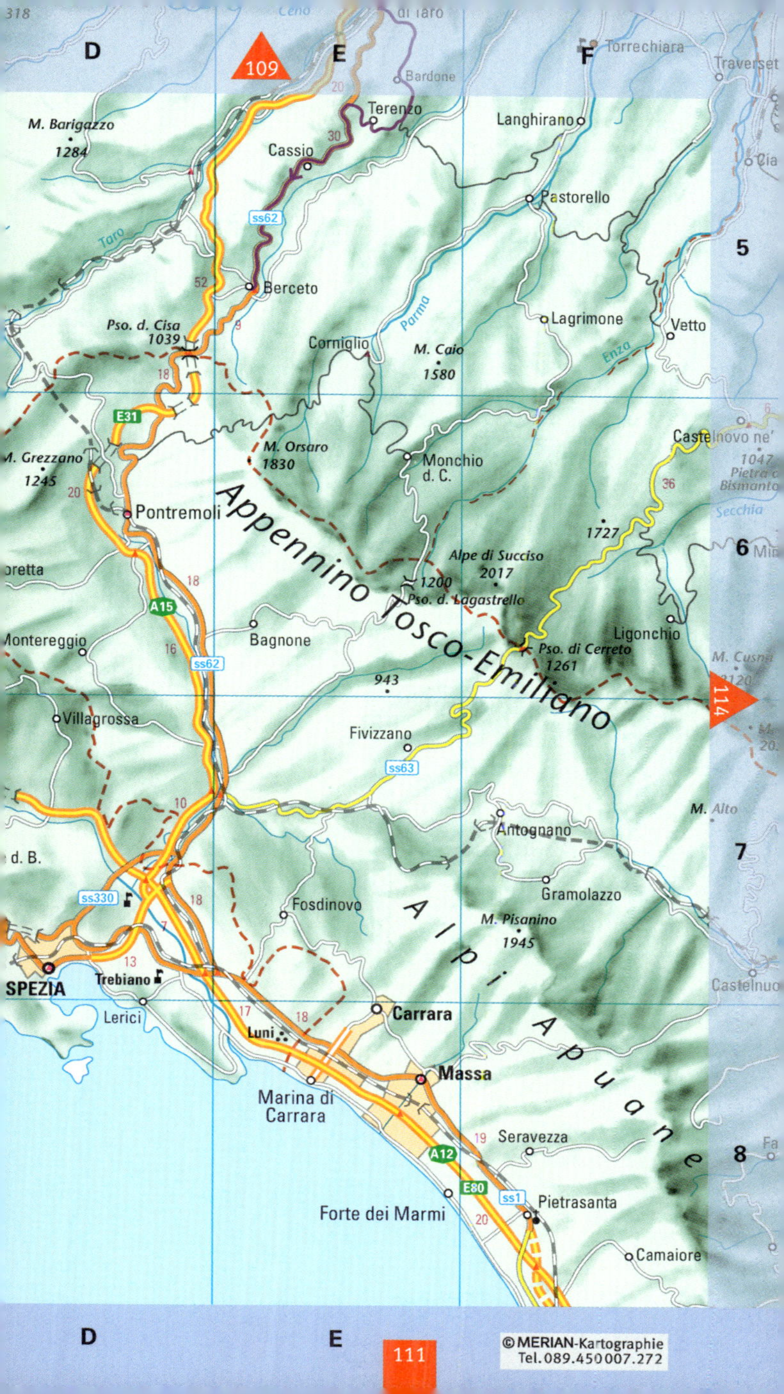
D
E
F
109
Ceno
di Taro
Bardone
Torrechiara
Traversetolo
M. Barigazzo
1284
Terenzo
Langhirano
Cassio
Cia
ss62
Pastorello
Taro
5
Berceto
Pso. d. Cisa
1039
Lagrimone
Vetto
Parma
Corniglio
M. Caio
1580
Enza
E31
M. Orsaro
1830
Castelnovo ne' Monti
M. Grezzano
1245
Monchio d. C.
1047
Pietra di Bismantova
Pontremoli
Secchia
Appennino Tosco-Emiliano
1727
6
Alpe di Succiso
2017
1200
Pso. d. Lagastrello
A15
Ligonchio
Montereggio
Bagnone
Pso. di Cerreto
1261
M. Cusna
2120
ss62
943
114
Villagrossa
Fivizzano
ss63
M. Alto
Antognano
7
d. B.
Gramolazzo
ss330
Fosdinovo
Alpi Apuane
M. Pisanino
1945
SPEZIA
Trebiano
Castelnuovo
Lerici
Carrara
Luni
Massa
Marina di Carrara
Seravezza
A12
8
E80
ss1
Pietrasanta
Forte dei Marmi
Camaiore
D
E
111

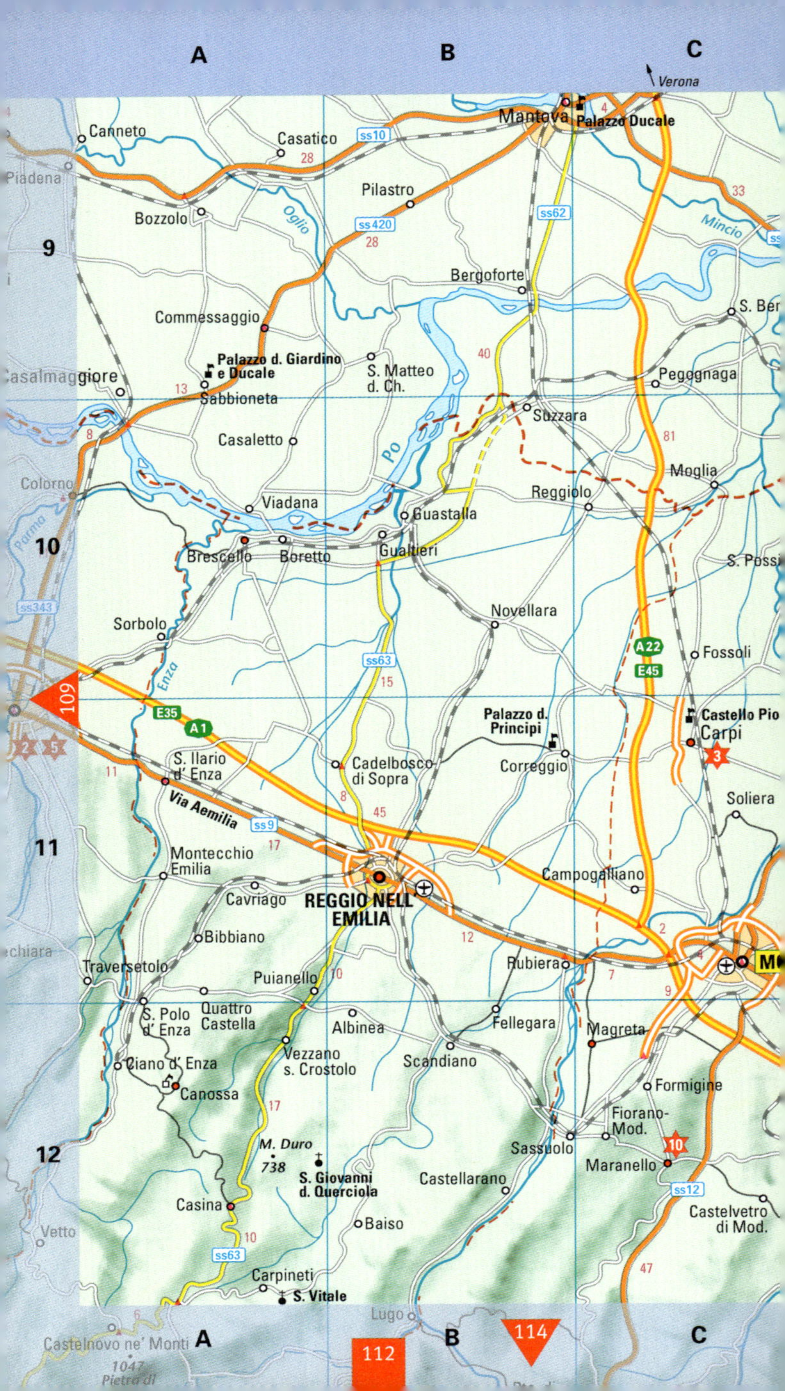
A
B
C
Verona
9
10
11
12
Canneto
Casatico
ss10
28
Mantova
Palazzo Ducale
4
Piadena
Bozzolo
Oglio
Pilastro
ss420
28
ss62
33
Mincio
Bergoforte
Commessaggio
S. Ber
Palazzo d. Giardino e Ducale
Sabbioneta
S. Matteo d. Ch.
40
Pegognaga
Casalmaggiore
13
Suzzara
8
Casaletto
Po
81
Colorno
Moglia
Reggiolo
Viadana
Guastalla
Parma
Brescello
Boretto
Gualtieri
S. Possi
ss343
Novellara
Sorbolo
A22
Fossoli
ss63
E45
Enza
15
109
E35
A1
Palazzo d. Principi
Castello Pio
Carpi
3
2
5
S. Ilario d' Enza
11
Cadelbosco di Sopra
Correggio
Via Aemilia
8
ss9
45
Soliera
17
Montecchio Emilia
Campogalliano
Cavriago
REGGIO NELL' EMILIA
2
Bibbiano
12
Traversetolo
Rubiera
4
7
Puianello
10
9
S. Polo d' Enza
Quattro Castella
Albinea
Fellegara
Magreta
Vezzano s. Crostolo
Scandiano
Ciano d' Enza
Formigine
Canossa
17
Fiorano-Mod.
M. Duro 738
Sassuolo
10
S. Giovanni d. Querciola
Maranello
Castellarano
ss12
Casina
Castelvetro di Mod.
Baiso
Vetto
10
ss63
47
Carpineti
S. Vitale
Lugo
6
Castelnovo ne' Monti
A
B
C
1047
Pietra di
112
114

D
E
F
Villa Bartolomea
0
9 km
Roncanova
Valli Grandi Veronesi
Adige
Lendinara
Torretta
ss434
Badia
9
Po
Castelmassa
Granarone
Castelguglielmo
Magnacavallo
Sermide
Poggio Rusco
Palazzo Vendramin
ss12
Occhiobello
ss16
S. Francesco
Mirandola
Bondeno
10
FERRAR
S. Felice s. Panaro
Finale Emilia
Panaro
Vigarano Main.
S. Agostino
116
Camposanto
S. Prospero
Solara
Poggio Renatico
ss64
Reno
La Rocca
Bomporto
Cento
S. Pietro in Casale
Crevalcore
11
Castello d' Argile
Sant' Agata Bol.
S. Giovanni in Persiceto
A13
Baricella
Bentivoglio
Castelfranco Emilia
Longara
Budrio
12
E35
A1
BOLOGNA
Castenaso
Bazzano
ss253
Casalecchio di Reno
Madonna di San Luca
S. Lazzaro di Savena
A14
E45
ss9
Medicin
D
115
E
113
© MERIAN-Kartographie
Tel. 089.450007.272

Vetto
Baiso
A
B
C
112
ss63
Carpineti
S. Vitale
Lugo
Castelnovo ne' Monti
1047
Pietra di Bismantova
Secchia
Toano
Pte. di Gombola
Panaro
Villa-Minozzo
13
Frignano
Pavullo nel Frignano
Dolo
1414
M. Modino
15
Montecuccolo
Scoltenna
M. Cusna
2120
Civago
M. Prato
2053
Dragone
24
Fanano
Pievepelago
M. Alto
M. Cimone
2165
ss12
14
Appennino
12
Porretta Terme
Pianaccio
1991
M. Giovo
Castelnuovo
111
Barga
37
S. Marcello
Lima
La Bastia
1107
Piastre
Fabbriche d. V.
Bagni
15
Ponte del Diavolo
Borgo
Toscana
Fiano
Camaiore
28
Pistoia
ss12
Pescia
Montecatini
Monte
Serchio
21
Monsummano
Lucca
Porcari
A11
E74
A11
38
16
ss12
Vinci
Vecchiano
19
M. Pisano
Galleno
S. Giuliano T.
PISA
Fucecchio
A
B
C
114

113
118
115
D
E
F
13
14
15
16
Casalecchio di Reno
Madonna di San Luca
S. Lazzaro di Savena
Medici
Sasso Marconi
Savigno
Pianoro
Castel S. Pietro Terme
Ca' Bazzore
Marzabotto
Misa
Monte Sole
668
Monterenzio
Borgo Tossignano
Tossignano
Vergato
Loiano
Reno
Savena
Idice
Castello Alidosi
Castel d. Rio
Casola Valseni
Lago di Suviana
Castiglione dei Pepoli
M. Calvi
1283
Firenzuola
Palazzuola s. S.
M. Bucciana
1223
Rocca Cerbaia
Scarperia
Mugello
Villa Medicea
Borgo Lorenzo
Vaglia
Dicomano
PRATO
M. Giovi
992
Sesto
Campi
Fiesole
Molino d. P.
Sieve
Fortezza da Basso
FIRENZE
Arno
Consuma
Galluzzo
Convento d. Incontro
S. Ellero
0
9 km
Arezzo, Roma
ss64
ss325
ss9
ss67
ss69
A14
E45
E35
A1

A
B
C
Padova, Venezia
Anguillara
Cavarzere
Adige
Mardimago
Lendinara
Veneto
17
Rovigo
ss16
21
ss443
Adria
Loreo
16
10
12
Lama Polesine
A13
Polesine
22
Po
Berra
Cologna
Ariano n. Polesine
Meso
ss16
Francolino
18
Copparo
Mezzogoro
Iolanda di Savoia
E55
FERRARA
6
8
Po di Volano
Formignana
Codigoro
Pompos
Abbaz
Tresigallo
Massa Fiscaglia
113
Migliarino
Lagosanto
23
29
13
ss16
19
Portomaggiore
Comacchio
Spina
15
Argenta
Valli di Comacchio
Molinella
Menata
Bastia
Idice
Reno
S. Antonio
Lavezzola
20
Conselice
Alfonsine
Senio
Mezzano
Medicina
ss253
Ravenna
Lugo
116
118
A14dir
Lamone

D
E
F
17
18
19
20
Po
Porto Tolle
Po di Venezia
Po di Goro
Goro
S. Giulia
Lido di Volano
delle Nazioni
Adriatic
Sea
Garibaldi
do di Spina
Casal
Borsetti
Marina
di Ravenna
N
0
9 km
D
E
Apollinare

119

117

A
B
C
116
Medicina
Senio
Mezzano
Ravenna
Lugo
Bagnacavallo
A14dir
Santerno
Montone
Russi
Mad. del Piraletto
Dozza
Imola
21
Castel Bolognese
Faenza
Coccolia
Senio
A14
E45
ss9
ss67
Casamurat
Borgo Rivola
Brisighella
Forlì
Casola Valsenio
Pieve del Tho
Torre di Ceparano
Terra del Sole
La Rocca
Forlimpopoli
Lamone
Modigliana
22
Castrocaro Terme
Bertinoro
Meldola
Dovadola
Predappio
ss67
Tredozio
115
Marradi
Rocca S. Casciano
S. Cassiano in Penn.
Borello
E45
Rabbi
Bocconi
Portico di Romagna
Montone
Civitella di Romagna
23
S. Benedetto in Alpe
Premilcuore
Mercato-Saraceno
Alpe di S. Benedetto
S. Sofia
Sarsina
S. Godenzo
Appennino Tosco-Emiliano
M. Mescolino 969
Campigna
S. Piero in Bagno
Pso. la Calla 1296
Bagno di Romagna
M. Fumaiolo 1407
ss3bis
24
Stia
Pso. d.-Mandrioli 1173
Verghereto
Castello di Romena
Arno
Consuma
Corezzo
ss71
M. Castel-savino 1245
Poppi
A
B
C
118

D
E
F
117
0
9 km
N
21
22
23
24
Lido di Classe
Savio
Strada Romea
Lido di Savio
Milano Marittima
Cervia
ss16
Cesenatico
Gatteo a Mare
Rubicone
E55
Igea Marina
Gatteo
Torre Pedrera
Viserba
ss9
Savignano sul Rubicone
RIMINI
Santarcangelo di Romagna
A14
Borghi
S. Ermete
Marecchia
ss72
Riccione
Misano Adriatico
Cattolica
Coriano
S. Giovanni in Marignano
San Marino
SAN MARINO
Morciano di Romagna
S. Maria d. Monte
Saludecio
Montegridolfo
Rocca di Maioletta
S. Leo
Mondaino
Montecchio
Montefeltro
Pennabilli
Macerata Feltria
Gallo
Marche
Carpegna
M. d'Oro 510
Urbino
Fossombrone
D
E
119

Zeichenerklärung

❍ Orte
▲ Gebirge
∞ Landschaft
~ Gewässer, Strand
★ Sehenswürdigkeit

Orts- und Sachregister

Hier finden Sie alphabetisch aufgeführt alle in diesem Band beschriebenen Orte und Ziele, Routen und Touren. Bei einzelnen Sehenswürdigkeiten steht jeweils der dazugehörige Ort in Klammern, bei Hotels steht zusätzlich die Abkürzung H für Hotel.

Außerdem enthält das Register wichtige Stichworte sowie alle MERIAN-Tipps und Extras dieses Reiseführers. Wird ein Begriff mehrfach aufgeführt, verweist die **fett** gedruckte Zahl auf die Hauptnennung im Band.

A

B

C

M

N

Ö

P

R

Impressum

Liebe Leserinnen und Leser,

wir freuen uns, Ihre Meinung zu diesem Reiseführer zu erfahren. Bitte schreiben Sie uns, wenn Sie Berichtigungen und Ergänzungsvorschläge haben oder Ihnen etwas besonders gut gefällt.

Gräfe und Unzer Verlag, Reiseredaktion, Postfach 86 03 66, 81630 München
E-Mail: merian-live@graefe-und-unzer.de

Alle Angaben in diesem Reiseführer sind gewissenhaft geprüft. Preise, Öffnungszeiten usw. können sich aber schnell ändern. Für eventuelle Fehler übernimmt der Verlag keine Haftung.

Verlags-/Programmleitung:
Verónica Reisenegger
Text- und Bildredaktion:
Christa Botar
Kartenredaktion:
Reinhard Piontkowski

Gestaltung: Ludwig Kaiser
Karten: MERIAN-Kartographie
Produktion: Helmut Giersberg
Satz: Filmsatz Schröter, München
Druck u. Bindung: Appl, Wemding

Bei Interesse an Karten aus MERIAN-Reiseführern schreiben Sie bitte an:
E-Mail: geomatics@ipublish.de

Fotos:
Alle Fotos von M. Hannwacker außer B. Arnold/laif 54; E. Wrba 9 m

Gedruckt auf Primabulk von Papier Union.

GRÄFE UND UNZER

Ein Unternehmen der
GANSKE VERLAGSGRUPPE

ISBN 3-7742-5700-0

10 9 8 7 6 5 4 3